포니에서
벤츠까지

포니에서 벤츠까지

초판 1쇄 인쇄 | 2016년 1월 7일
초판 1쇄 발행 | 2016년 1월 15일

지은이 | 정만기
교정/편집 | 이수영 / 권윤미
표지 디자인 | 권윤미
펴낸이 | 서지만
펴낸곳 | 하이비전

신고번호 | 제 305-2013-000028호
신고일 | 2013년 9월 4일 (최초 신고일 : 2002년 11월 7일)

주소 | 서울시 동대문구 신설동 97-18 정아빌딩 203호
전화 | 02) 929-9313
홈페이지 | hvs21.com
E-mail | hivi9313@naver.com

ISBN 978-89-91209-50-3 (03320)

값 13,000원

포니에서
벤츠까지

정만기 지음

하이비전

미생(未生)을
추억하다

올해, 윤태호 작가의 '미생'이라는 만화가 드라마로 방영되면서 큰 인기를 끌었다. 오늘날 청년실업과 조직문화에서 어려움을 겪는 수많은 젊은이들이 공감했고, 지난 세대들은 자신의 젊은 날을 회상하며 눈시울을 붉혔다. 더불어 바둑용어인 '미생(未生)'과 '완생(完生)'이라는 개념이 사람들한테 회자됐다. 바둑돌이 완전히 살아남지 못한 '미생' 그리고 살아남은 '완생'.

과거 식민통치와 전쟁을 겪으면서 지지리도 가난했던 대

한민국은 크게 경제성장을 이루었지만, 아직도 많은 사람들이 불안한 삶을 살아간다. 현재 안정적인 생활을 누리지 못하는 사람은 물론이거니와, 안정적인 삶을 살아가는 사람조차도 언제 자신의 삶이 나락으로 떨어질지 몰라 전전긍긍하는 형국이다. '불안'이 사회의 모든 곳에서 사람들의 숨통을 옭죄고 있다. 그런 면에서, 우리는 모두 미생이다.

사실 자신의 삶을 감히 '완생'이라 칭할 수 있는 사람은 없다. 아무리 훌륭한 삶을 살아온 사람도 어떻게 '완전한' 성공을 거두었다고 자부할 수 있겠는가.

그러나 감히 말하고 싶다. 나는 완생 했다고. 나는 메르세데스-벤츠의 한국 최대 딜러 한성자동차㈜의 상무이사다. 한참 후배가 같은 직급을 가지고 있기도 하고, 위로는 사장도 있다. 한성자동차보다 몇 배 더 큰 기업의 총수도 있고, 이 세상에는 뛰어난 업적을 쌓은 학자나 정치가, 예술가도 즐비하다. 그런 내가 어떻게 감히 '완생'했다고 말하는가?

내가 생각하기에 삶의 과정에서 끊임없이 자신을 성찰하고, 도전에 맞서며, 마침내 극복해 가는 과정이 있었다면 완생이 아닐까. 수많은 방어와 공격을 통해 어떤 수에도 맞설 수 있을만한 영역을 구축했다면, 그 집은 쉽게 깨지지 않는다. 집이 작거나 큰 것은 문제되지 않는다. 드라마에서 장그래는 비록 대기업의 인턴사원을 마지막으로 끝내 취업에 성공하지 못했지만, 그의 수많은 좌절과 실패는 훗날의 완생을 위한 훌륭한 자산이 됐을 것이다.

누구도 '완생'했다고 말하지 못하는 사회는 비극적이다. 그 사회의 수많은 미생들이 추구해야 할 목표가 사라진다. 이 얼마나 우울한가.

내가 잘나서 완생의 삶을 살았다는 말이 아니다. 수많은 삶의 굴곡을 겪었지만, 집념과 끈기로써 시련을 이겨낸 나의 운 좋은 경험을 완생이라 이름붙이고 싶을 뿐이다.

책을 엮으면서 많은 고민을 했다. 사실 이 세상에 수많은 자수성가한 인물들이 있고, 그들의 삶에서 엿볼 수 있는 금쪽같은 진리를 잘 풀어낸 책은 너무도 많다. 천재적인 영업력으로 전무후무한 기록을 세운 세일즈맨의 영업전략을 엿볼 수 있는 자기계발서 역시 서점가의 화려한 베스트셀러 코너를 장식한다.

불행하게도 나는 그런 재주를 타고 나지 못했다. 하지만, 나는 오로지 진정성 하나로 승부했고, 인연을 만들었다. 삶의 나락으로 빠진 순간 나를 구원해 준 것은 어떤 화려한 경력과 능력이 아닌 나의 소박한 마음이었다.

그리고 감히 '사랑한다'는 말을 헌사하기도 어려운 내 일생의 동반자 아내가 있었다. 아내가 없었다면, 나는 아무것도 아닌 삶을 살 수 밖에 없었을 것이다. 다시 한 번 아내의 헌신적인 조력에 감사의 마음을 전한다.

나는 과분하게도 한국의 벤츠 영업왕, 그리고 나 이후의 수많은 스타급 세일즈맨을 키워낸 벤츠 영업의 대부라는 평가를 받는다. 그러나 그런 평가보다 나를 더욱 기분 좋게 하는 것은 어느 날 갑자기 나를 찾아와 진지하게 영업과 삶의 방향에 대해 자문을 구하는 후배들이 있다는 점이다.

수많은 미생들의 심금을 울리고 그들의 경쟁력을 북돋아줄 훌륭한 내용을 줄줄 풀어낼 자신은 없다. 하지만 지금 삶의 실의에 빠져 있거나, 자신의 미래가 어두워 보여 쳐진 어깨로 삶의 공허를 들여다보고 있는 사람이 그대라면, 나는 말없이 옆에 앉아 천천히 나의 얘기를 들려주고 싶다.

2015. 12. 정만기

| 차례 |

2부 정만기가 전하는 **성공의 조건 20계명**

1부

1부

포니에서
벤츠까지

스펙은 도구일 뿐이다

성공하기 위해 삶의 덕목을 갖추는 것은 아주 중요하다. 우리가 취해야 할 스펙은 무수히 많다. 그러나 이런 요소들은 삶을 성공으로 이끌기 위한 수단일 뿐이다. 진짜 중요한 것은 이런 요소들이 내가 성공하기 위한 도구에 그쳤는지, 아니면 자신도 모르게 몸에 체화됐는지가 중요하다.

그런 점에서 내가 강조하는 가장 큰 덕목은 진정성이다. 성공만을 위한 친절이나 끈기는 결코 오래가지 못한다. 그리고 진품이 가지는 아우라(aura)를 발견할 수 없다. 살아가면서 부딪치는 수많은 현자들에게 이는 너무 쉽게 판별되고 만다. 세상은 결코 어설프지 않다. 세상을 속일 수 없다면, 자신이 진정성을 가지고 대해야만 한다. 수많은 시행착오 끝에 얻은 결론이다.

이야기의 서두에 이런 이야기를 장황하게 늘어놓는 이유는, 나의 모든 삶의 굴곡에서 마주쳤던 실패와 성공의 기억이 바로 이 진정성에서 비롯되었기 때문이다. 자신이 스스로 믿지 못하고, 스스로 감동받지 못하는 목표는 결코 성공하지 못한다.

진정성이 가장 빛을 내는 것은 사람사이의 관계에 있다. 삶의 고비마다 결정적인 돌파구가 되었던 것은 바로 내 주변의 사람들 덕분이었다. 내가 먼저 손을 내밀지도 않았는데 나에게 기회의 혹은 재활의 길을 제시해 준 고마운 분들은 이전에 나의 진정성을 보고 인간관계가 맺어졌던 분들이다.

보상을 생각하지 않고 사람을 진심으로 대하고, 이익에 재빠르기보다 신뢰와 의리를 갖춰야 한다. 이러면 누구도 넘볼 수 없는 나만의 지원군이 생긴다.

내가 인생에서 간절히 원했으나 이루지 못한 것이 있다면, 바로 학벌이다. 대한민국에서 학벌의 도움 없이 성공하기란 매우 어렵다. 인맥도 주로 학벌을 중심으로 형성되는 경우가 많다. 그래서 상대적으로 학벌이 약하다고 생각되는 사람은 뒤늦게 각 대학에서 경영대학원이나 무슨 무슨 최고위과정 등을 수료해 자신의 이력을 돋보이게 만들기도 한다.

자칫 핸디캡이 될 수도 있는 나의 스펙을 밝히는 이유는, 나에게 학벌은 목표가 아니라 수단이기 때문이다. 솔직하게 말하자면 나는 학벌이라는 수단을 무척 가지고 싶었다. 경제적으로 어렵거나 다른 큰 뜻이 있어 일부러 대학에 가지 않은 것이 아니다.

원하는 대학을 가지 못했고, 이는 나에게 큰 실의로 다가왔다. 하지만 대학은 목표가 아니라 삶의 한 과정이며, 수많은 능력 중 하나였을 뿐이라는 걸 깨닫는 데는 그리 오래 걸리지 않았다.

나에게는 대학을 진학하지 못한 대신 다른 방면에서 부족함을 메우는 좋은 무기가 있었다. 그것은 바로 끈기와 돌파력이었다. 어려서부터 어떤 일을 해도 주변의 또래들보다 더 나은 성과를 내고 싶었고, 남들이 다 지쳐 나가떨어지더라도 나의 목표가 채워지지 않으면 결코 물러나지 않았다.

현실적으로 목표 달성이 어려울 것 같으면 우회로를 찾아서라도 반드시 상황을 돌파했다. 어려서부터 몸에 밴 이 두 가지 습성은 나의 삶에서 고비마다 큰 도움이 되었다.

◉ 돌파구는 스스로 찾아야 한다

1960년대, 당시 국민학교 4학년 아이가 처음으로 장사란 걸 해 봤다. 동네 형들이 마을 가게에서 아이스케키를 떼다 파는 것을 보고는 자기도 한번 해보겠다고 겁도 없이 뛰어들었던 것이다.

한여름 먼지가 풀풀 날리는 장터 땡볕에서 아이스케키를 파는 것은 쉬운 일이 아니었다. 어린 아이가 짐을 져봤자 얼마나 질 것이며, 시간이 지나면 녹아 없어질 아이스케키를 무슨 수로 빨리 팔아치운단 말인가? 동네 형들에 비해 체력적으로, 판매경험으로 열세일 수밖에 없었다.

정공법으로 성공할 수 없다면 다른 방법을 생각하던지, 그 일을 접어야만 한다. 빠른 판단이 손실을 최소화할 수 있는 길이었다.

아이가 생각한 것은 바로 버스 종점. 남보다 더 멀리 걸어야 하는 위험부담이 있었지만, 잘만 된다면 가는 동안의 노력을 보상해 줄 수 있을 것 같았다. 말 그대로 블루오션 (Blue Ocean)의 개척이다.

당시 버스에는 냉방장치가 없었을 뿐더러 길도 좋지 않아 매우 지루했다. 종점에 내리는 사람들이 지쳐있을 것은 당연한 터.

종점에 내리는 손님들은 앞 다퉈 아이스케키를 사 먹었고, 열한 살 꼬마는 순식간에 물건을 다 팔고 자리를 떴다. 그리고는 두 번 다시 아이스케키 장사에 뛰어들지 않았다. 정상적인 경쟁 상황에서 동네 형들의 영업력을 이길 수 없다고 판단한 것이다. 운 좋게 버스종점 영업이라는 아이디어로 첫날의 장사는 성공했지만, 다음 날부터 종점에 진을 치고 있을 아이스케키 장사들의 경쟁은 불 보듯 뻔한 일이었다.

나이가 차니 군대를 더 미룰 수 없었다. 군대를 가기로 마음먹고 신체검사를 받았다. 그런데 막상 영장이 나오고, 입대를 기다리는 일이 지루하기 짝이 없었다. 마침 친구 어머니가 서울 광장시장에서 단추 장사를 하는 것을 보게 되었다. 내가 관심을 보이자 친구가 그 물건을 떼다가 장사하는 방법을 일러주었다. 재미있을 것 같았다.

그런데, 실제로 해 보니 만만치가 않았다. 우선 판로라는 게 동네 양장점인데, 당시만 해도 여성복을 파는 양장점에 남자가 들어가 단추를 파는 일이 매우 부끄러운 일로 생각됐다. 하지만, 이미 시작한 일이었다. 남자가 칼을 뽑았으면 무라도 잘라야 칼집에 칼을 집어넣을 명분이 생기는 것 아니겠는가.

스스로 판단을 내렸으면 마땅히 책임을 져야했다. 떼어온 단추를 들고 집이 있던 중화동에서 중곡동 어린이 대공원까지 무작정 걸었다. 체력에는 자신이 있었다.

그 긴 거리를 왕복하며 나는 눈에 띄는 양장점에는 모두 들렀다. 처음엔 쑥스런 마음이 없지 않았지만, 시간이 지나면서 그런 부끄러움은 자신감으로 바뀌었다.

세상에 부끄러운 일이 어디 있단 말인가. 이 물건이 팔리는 이유는 이것이 누군가에게 필요하기 때문이다. 이런 경험을 한두 번 더 하다 보니 장사에 재미를 느끼게 됐다.

다음에 뛰어든 일은 월부 책장사였다. 당시에는 큰 서점도 많지 않았고, 교통도 좋지 못해 책을 사는 것이 쉬운 일이 아니었다. 학부모들의 교육열은 높은 시기였기 때문에 나는 전망이 있을 것으로 보고 금성출판사 의정부지사에서 책 세일즈를 시작했다.

의정부를 지역기반으로 돌아다니다 하루는 포천 넘어 멀리 전곡까지 향하게 됐다. 우연히 듣게 된 바로는 전곡의 한 마을 부녀회장이 아는 사람의 월부 책장사를 돕고 있다고 했다. 경쟁사인 계몽사 직원의 이야기였다.

나는 우연을 가장해 부녀회장의 집을 들렀다. 마당 평상에는 한 무리의 동네 아주머니들이 모여 채소를 다듬으며 담소를 나누고 있었다.

"어휴, 덥다. 실례합니다만, 물 좀 한 잔 얻어먹을 수 있을까요?"

물을 마시고도 나는 일어서지 않고 손부채를 부치며 평상 끝에 엉덩이를 걸치고 있었다. 삼복더위에 멀쩡한 청년이 물을 청하더니 주저앉아버리는 걸 보니 아주머니들의 호기심이 발동했을 터.

"아니, 총각은 무슨 일로 이 동네를 지나가우?"

"아, 예……. 뭐, 일 없이 그냥 돌아다닙니다. 집에 있자니 어머니 성화 때문에 뭐라도 하나 건질까 하구요."

"보험 하시우?"

"아니, 요즘 세상에 오늘 먹을 것도 없는데 사람들이 무슨 보험을 든다고 돌아다닌대요? 다리만 아프지."

"아니, 그럼 무슨 일을 한단 말이우. 이렇게 번듯하게 생긴 청년이. 궁금해 죽겠네."

나는 슬쩍 능치며 아주머니들의 궁금증을 한층 자극한다.

"이리 저리 돌아다니다 보면 색싯감이라도 하나 얻을지 모르잖아요. 집에 앉아 있는 것보다 백번 낫지요. 혹시 주변에 좋은 색싯감 있으면 소개 좀 시켜주세요."

이쯤 되면 아주머니들은 낯선 총각과의 대화에 무장해제 되고 만다. 무료한 오후의 한 가운데를 지나는 시원한 웃음줄기. 나는 시원한 아이스크림을 사다 돌리며 어느새 아주머니들과 함께 앉아 수다를 떨고 있다. 신뢰를 얻은 후 나는 본 목적을 솔직하게 밝힌다.

"색싯감 얻으러 다니면서 겸사겸사 책도 팔아요. 주변에 책 필요한 사람 있으면 소개도 좀 시켜주시고요."

나는 그 자리에서 두 집에 책을 팔았다. 그리고 부녀회장님은 나의 든든한 후원자가 되어 이웃들에게 자신의 친척

동생이라고 소개하면서까지 나의 영업을 도와주었다.

밑도 끝도 없이 돌아다니면서 무슨 영업을 한다고 말할지 모른다. 요즘의 영업은 주도면밀한 분석과 정보력으로 승부하는 시대라고 말한다. 그러나 시대가 아무리 변한다 해도 변치 않는 것이 있다. 동서고금을 막론하고 영업의 최고 무기는 뛰어난 능력보다도 진취성과 진정성에 기반을 둔다.

● 역사 속의 승리자는 반드시 강자만은 아니다

물리적인 법칙에 따르면 강한 놈이 항상 살아남게 마련이다. 자연선택의 원리에 따라 강자는 자신의 유전자를 전하면서 새로운 진화를 겪어 끊임없이 발전한다. 그러나 세상사는 그렇게만 전개되지는 않는다. 어쩌면, 우리가 인식하는 '강함'이라는 것이 몇몇 사람의 편협한 시각에서 왜곡된 개념일지 모른다.

초나라의 항우는 한나라의 유방과 비교할 수 없는 강력한 군대를 보유했지만, 결국 천하의 패권을 유방이 이끄는 한나라에 넘겨주었다. 시골에서 돗자리나 짜던 유비나, 환관의 양자로 입적해 말단 관리로 출발한 조조는 당대의 쟁쟁했던 명문가 출신에다, 영웅호걸이었던 원소나 공손찬을 제치고 손권과 함께 천하를 삼분했다.

근대와 현대에 들어서도 이런 사례는 무수히 많다. 중국의 마오쩌뚱은 장제스의 국민당에 비해 정말 보잘 것 없는 세력으로 출발했지만, 대장정을 거치면서 중국 대륙의 지배자가 됐다.

1886년 창업해 130년에 이르는 시간 동안 세계 최고의 브랜드 가치를 인정받았던 코카콜라. 그러나 1998년 창업해 불과 20년도 되지 않은 구글(Google)에 기업 가치를 역전당하기도 한다.

시대와 조건이 바뀌면 승자도 달라진다. 당시의 승자가 오늘날의 상황에서 반드시 승자가 되리라는 보장은 없다. 따라서 '강함'이란, '승자'란 시대와 환경이 선택한 하나의 무수한 가능성의 하나일 뿐이다.

어쩌면 세상은 '우연의 역사'로 흘러가는지 모른다. 안타깝게도 세상은 노력하는 대로 성공하지는 않는다. 하지만 그 우연에는 반드시 원인이 있다. 우리가 세상의 둘도 없는 천재나 신이 아닌 이상 세상을 좌지우지할 수는 없다. 다만 성공의 확률을 높이는 것이다.

세상의 덕을 갖춘 이는 많았지만 유비의 덕은 시절과 사건, 그리고 인연이라는 계기를 만나 큰 성공을 거두었다. 유비의 덕이 아무리 뛰어났던들 그에게 다른 기회의 길이 열렸다면, 그는 훗날 감히 천자의 자리에 오르지 못했을 것이다. 물론 다른 방법으로 성공했을 가능성은 크다. 하다못해 아주 성공한 돗자리 도매상이 되었을지도 모른다. 나의 경우도 마찬가지다. 나의 지난 삶 속에는 무수한 가능성의 가지가 존재했다. 물론 현재의 삶이 가장 만족스럽다고 생각한다.

❋ 위기를 돌파하는 가장 큰 무기는 진정성

1978년 현대자동차에 입사한 나는 관리직 사원으로 첫 직장생활을 시작했다. 당시 맡았던 업무는 차량출고관리, 공증 등의 업무를 처리하는 것이었다. 당시 영업직원들이

개별적으로 하던 공증 업무를 보다 쉽게 처리하기 위해 내가 공증업무를 한꺼번에 처리하는 공증대리업무를 시작했다.

종로에 있는 법률사무소에 일괄적으로 업무를 맡겼는데, 그 법률사무소는 현대자동차가 큰 고객이었다. 당시 이러한 거래관계에서는 리베이트를 주고받는 일이 간혹 있었다고 한다.

나와 내 선임이 법률사무소를 방문하곤 했는데, 훗날 들은 바로는, 거래 규모가 있는 만큼 나와 내 선임이 리베이트를 받지 않았나 하는 소문이 돌았다고 한다.

어느 날 내 상사인 K부장이 그의 방으로 나를 부르더니 "이봐! 법률사무소에서 리베이트 받지 않았나?" 하고 묻는 것이었다.

K부장의 호통을 들으면서 순간 '나의 선임이 리베이트를 받은 것은 아닌가?' 하는 생각이 들었다. 내가 하지 않은 일로 추궁을 당하지만, 내가 받지 않았다고 하면 선임이 받은 것이 되기 때문에 왠지 그러고 싶지는 않았다. 그래서 내가 받아서 직원들과 술을 먹는 등 유흥비로 다 썼다고 말했다.

K부장은 기가 차다는 듯이 "아니 젊은 사람이 벌써부터 그런 눈먼 돈에 관심을 쓰고 유흥비로 탕진하고 그래. 사회

생활한 지 얼마 되지도 않는 사람이 말이야."

호기를 부리고 싶었던 것도, 그 선임과 각별한 사이였던 것도 아니지만 동료의 잘못을 고자질 하는 것보다 혼자 뒤집어쓰는 편이 낫다고 생각 했던 것 같다.

그렇게 호된 질책을 듣고 나오는 나를 선임은 멋쩍은 듯 쳐다봤다.

얼마 후 내가 리베이트를 받은 것이 아니라는 사실이 밝혀져 오해가 풀렸다. 이후 K부장은 중요한 일이 있을 때마다 믿을만한 사람으로 나를 인정했다. 자신에게 다가올 불이익을 알면서도 동료를 보호하려 했던 나의 행동이 믿을만한 사람이라는 인식을 심어주었던 것이다.

이런 일이 있은 후 회사의 중요한 일을 맡을 수 있는 기회가 주어졌고, 훗날 나의 인생에 다가온 큰 시련을 넘을 수 있도록 해준 계기가 되었던 것 같다.

1982년, 나는 그동안 들었던 적금과 계를 한꺼번에 타게 됐다. 처음 만져보는 목돈에 눈이 뒤집혔던 것일까? 나는 무슨 바람이 불었는지, 회사까지 그만두며 갈빗집을 차리는 악수(惡手)를 두고 말았다. 음식점을 경영해 본 적도 없는 사람이 빚까지 내 가며 갈빗집을 차렸으니 잘 될 리 없었다. 결국 석 달을 버티지 못하고 식당은 폐업했고, 나는 실업자가 되어버렸다. 참으로 암담한 상황이었다.

이때 나의 소문을 들은 K부장은 부하직원을 시켜 중화동의 정만기를 찾아오라고 지시했다. 휴대전화는 물론 집 전화도 흔치 않았던 시절이다. 이력서에 쓰인 주소 하나 달랑 들고 나를 찾아낸 그 직원도 대단했다. 그렇게 나는 K부장실로 불려갔다.

"그렇게도 말리는 걸 뿌리치고 나가더니 고작 석 달 만에 말아먹어?"

"면목없습니다."

K부장은 부하 직원에게 이력서를 가져오라고 하더니 나에게 재입사하라고 불호령을 내렸다. 사실 나는 붙들려가면서도 재입사는 꿈도 꾸지 않았다. 나가지 말라고 잡아도 제 발로 나간 놈이 무슨 면목으로 다시 받아 주십사 하겠는가. 다만 다른 회사라도 취직자리를 부탁해 보려는 생각이었다.

"진지하게 반성하고, 안동영업소 가서 3년 동안 푹 수양하다가 올라와! 그리고 현대자동차에 뼈를 묻어. 한 번만 더 딴 짓거리 했다가는 아주 국물도 없을 줄 알라구!"

삼사십 분에 걸쳐 불호령을 들었지만, 싫지만은 않은 꾸지람이었다. 애정이 없다면 이런 꾸지람이 왜 필요하겠는 가. K부장은 나를 서울 남대문영업소로 발령해 주었고, 나는 다시 자동차 영업을 시작할 수 있었다. 훗날 한성자동차로 이직하면서 현대자동차에 뼈를 묻으라는 지시는 지키지 못했지만, 자동차 업계에 남아 나의 능력을 발휘할 수 있게 해 준 고마운 분이었다.

한나라 문제 때 직불의라는 관리가 있었다. 어느 날 동료가 급료로 받은 금을 잃어버렸는데, 그 혐의가 직불의에게 모였다. 직불의는 억울했지만, 동료에게 사과하고 시장에서 금을 사와서 배상했다.

그런데 그 금은 얼마 후 다른 동료에게서 나왔다. 자신의 것인 줄 알고 가져갔는데, 알고 보니 자신의 금은 미리 수령이 됐더란다. 직불의를 책망했던 동료는 크게 뉘우치며 직불의에게 사과할 수밖에 없었다. 이후 직불의는 그 진정성을 높이 평가받아 승진을 거듭했다. 그러자 이번에는 그를 시기한 무리들이 그가 형수와 부적절한 관계에 있다고 험담을 하기 시작했다. 이번에도 억울하기 짝이 없었지만, 직불의는 일일이 응대를 하지 않았다. 다만 혼자 나지막이 중얼거렸을 뿐이다.

'나에겐 형도 없는데…….'

형도 없는 직불의가 형수와 부적절한 관계가 있을 수 있겠는가. 자연히 시간이 흐르자 그에게 지워진 누명은 벗어지게 되었다. 그 일 이후 직불의는 장자(長子)로 불리게 됐다. 장자란 '도량이 넓고 여유가 있는 인물'이란 뜻이다.

사회 초년병 시절, 나는 한 동료의 비위사실을 덮어주려 한 것뿐인데 그 작은 행동이 가져 온 결과는 매우 컸다. 작은 행동 하나에 신의가 쌓이고, 신의가 쌓이면 내가 어려울 때 반드시 누군가 나를 도와주게 돼 있다. 물론 그런 결과를 노리고 한 계산된 행동은 아니었다. 만일 나에게 그런 계산이 있었다면 그것이 의도된 행동이라는 것은 누구에게라도 드러났을 것이다.

❀ 성실과 긍정적인 마음이 중요하다

세계 70억의 인구 중 똑같이 생긴 사람은 없다고 한다. 그 많은 사람들이 모두 다르게 생겼다는 것은 참으로 놀라운 일이다. 수많은 다양성이 모여 인류라는 개념을 만들어 낸다.

능력 역시 마찬가지라고 생각한다. 보통 '능력 좋다'라는 평가를 받으려면 머리가 좋거나 사회적으로 높은 지위에 있거나, 지식이 많거나 하는 경우를 떠올리게 된다. 그러나 이 '능력'이란 것도 사실 사람의 얼굴처럼 모두 다른 가치가 아닐까. 남들이 가진 능력을 부러워하기보다 자신이 가진 장점을 파악하고, 그 장점으로 자신만의 도구로 삼으면 된다.

과거 한국사회에서 능력이란 곧 어떤 대학을 나왔느냐, 얼마나 외국어를 유창하게 구사하느냐가 곧 능력의 척도였다. 불행히도 나는 둘 다 갖추지 못했다. 그러나 영어나 학벌은 수단일 뿐이다. 수단을 이용해 업무처리를 하는 것이지, 수단이 곧 업무능력의 전부는 아니다. 다행히도 나의 업무는 이 두 가지 수단을 반드시 필요로 하지는 않았다. 나는 다른 나의 능력을 활용해 누구보다도 업무를 잘해 나갔다. 만일 그 당시 남에 의한 선입견만으로 나의 도전이 꺾였다면, 나는 결코 영업왕이라는 타이틀을 가지지 못했을 것이다.

1978년 현대자동차에 처음 입사할 때, 나는 이십대 중반의 팔팔한 청년이었다. 누구보다 열심히 일하고, 긍정적이며, 능동적이었다. 당시 긴 머리를 펄럭이며 계단을 두세 개씩 뛰어다니는 것을 본 사람들은 '정만기 씨는 항상 무엇이 그리 바쁘냐'고 묻곤 했다.

남들보다 학벌이 좋은 것도 아니고, 지식이 많은 것도 아닌 나의 무기는 성실과 긍정적인 마음이었다. 어떤 일이든 능동적으로 열심히 하는 것은 자신이 있었다.

당시 대단한 인기를 누렸던 현대 포니의 출고를 담당하다보니 지인들은 물론이고 함께 근무하는 영업직원들도 서로 차를 먼저 빼 달라고 요청할 만큼 나름의 권한을 가지고 있는 터였다. 그러나 나는 소위 '뒷돈'이나 '뒷거래'의 유혹에 한 번도 휘말리지 않았다. 남들만큼의 배경이 없다면 남들보다 더 엄격한 도덕성과 성실함으로 임해야 한다고 생각했던 것이다.

현대자동차가 처음으로 국산화에 성공한 포니의 인기는 대단했다. 당시 창덕궁 옆 휘문고 교사를 사옥으로 쓰고 있던 현대자동차 본사에 사람들이 직접 차를 사겠다고 오는 경우가 많았다.

상황이 이렇다보니 영업직원들이 나가서 영업을 하지

않고 본사 정문에서 대기하며 직접 차를 구매하러 오는 사람들을 낚아채 영업실적을 올리는 경우가 많아졌다. 이를 눈치 챈 판매본부장은 정문 수위에게 본사로 찾아오는 고객들은 모두 정만기에게 인계하라고 지시했다.

가만히 앉아서 영업실적을 올리는 영업직원들의 영업력 하락을 우려한 처사였다. 물론 나는 영업직원이 아니었기 때문에 나를 통해 계약이 이뤄진다고 해도 나에게 돌아오는 수당은 단 한 푼도 없었다. 어느 달에는 나 혼자 465대를 계약한 적도 있었을 정도였다.

만일 몇몇 영업직원과 손발을 맞춰 수당을 나누기로 했다면 큰 돈을 만질 수도 있었을 것이다. 포니 I 디럭스 가격이 272만 7,200원 하던 시절이었다. (꽤나 많은 시간이 흘렀음에도 나는 당시의 차량가격을 정확히 기억한다. 남다른 기억력은 세상을 살면서 도움을 주는 경우가 많았다. 후배의 아이들 이름이나 지인의 기념일, 주소까지 줄줄 꿰고 있는 것을 보면 놀라기도 한다.)

차가 급하게 필요한 사람들은 많았다. 차량을 출고할 수 있도록 배정하는 위치에 있는 나에게 영업직원들의 로비는 끈질겼다. 차 한 대 계약해 봤자, 영업직원이 수당으로 챙겨가는 돈은 당시 1만 1천 원에 지나지 않았다. 차를 빨리 출고해주면 뒷돈을 받는다는 소문까지 있었다.

영업직원들이 매우 적극적으로 달려들었지만, 나는 눈 하나 꿈쩍하지 않았다. 영업직원들이 애가 달아 내가 사적으로 친구와 함께 대포라도 기울이고 있을라치면 그 술집에 앉아 먼발치에서 혼자 술을 먹다가 우리가 일어날 즈음 자기가 먼저 우리 술값을 계산해 버리고 줄행랑치는 경우도 있었고, 퇴근길에 말 그대로 납치를 당하다시피 끌려가 억지 술을 마셨던 적도 있었다.

출고가 5~6개월 걸리는 시절이었기 때문에 회사 중역들도 나에게 출고를 부탁하는 일도 잦았다. 사회의 유명인사들은 직접 사장님에게 차의 출고를 부탁하는 경우도 있었다. 당시 최고의 인기를 누리던 탤런트 S씨의 차량 출고 계약도 내가 맡아서 한 기억이 난다. 이를 두고 직원들은 악의 없게 비꼬기도 했다.

"제일 막내가 사장님 방에는 제일 많이 들락거리는군."

말단 직원이었지만, 꽤나 괜찮은 보직을 맡은 셈이다. 그러나 나는 입사한 지 1년 반이 지나면서 영업직으로의 전환을 생각했다.

요직에 있었음에도 불구하고, 내가 하는 업무가 장점이 크지 않아 보였다. 사무직의 경우 학벌도 중요했다. 당시 현대자동차에서는 영어시험을 치러 직원의 능력을 평가하곤 했는데, 고졸 직원의 경우 아예 시험 응시기회조차 주어지지 않았다.

시험기회가 주어졌다면 아마도 나는 어떤 노력을 기울여서라도 영어 공부를 해야 했을 것이다. 그러나 나는 굳이 영어에 대해 큰 필요를 느끼지 못했다. 나의 장점은 다른 데 있는 것이라고 생각했다. 그 결과 나는 영어회화 능력을 갖추지 못했다.

고졸출신 관리직 선배의 모습은 나에게 분명한 시사점을 던져주었다. 나이는 많고 직급은 대리에 머물러 있는 선배들을 보면서 관리직에서의 학력과 영어 능력은 넘을 수 없는 산으로 인식됐다. 내가 영업직으로 전환을 생각하게 된 결정적인 이유였다.

영업직으로 전환하고 나서는 훗날 영어능력이 필요한 외국계 기업에 들어와서도 나는 아직까지 영어 능력 없이 업무에 큰 지장을 받지 않았다. 내 아내는 이런 나를 두고 '불가사의하다'라고까지 표현할 정도였다.

중요한 것은 긍정적인 마인드다. 사람의 뇌는 신기하게도 꿈과 상상, 그리고 실제의 상황을 분간하지 못한다고 한다. 그래서 브레인 트레이닝(Brain Training)이니, 마인드 콘트롤(Mind Control)이라는 말이 생겨났다.

우리가 꿈을 꾸거나 상상하거나 실제의 상황에서 전부 즐거운 상황에 처해 있다면 우리의 뇌는 즐거움을 관장하는 신경전달물질을 내보낸다.

그래서 긍정적인 마인드를 가진 사람이 실제로 행복하게 살아갈 확률이 높고, 억지로라도 웃는 사람이 더 건강하다는 통계도 있다.

국가대표 운동선수들이 올림픽과 같은 중요한 경기에 출전하기 전에 약 한 달 전부터 자신이 최고의 기량을 발휘하는 순간을 상상한다고 한다. 그 상상에 이어 자신이 1위로 골인하는 장면, 혹은 경쟁자를 물리치는 상상을 계속해서 반복하다보면 실제로 상상하지 않았을 때보다 근육량이 더 빨리 늘어난다고 한다. 신기한 일이 아닐 수 없다.

나는 스트레스를 받으면 즉각 해소하는 편이다. 평소 차를 타고 다니면서 나는 1인극의 주인공이 된다. 완전히 홀로 있는 공간인 차 안에서 화를 내다가 울다가 웃다가 별의 별 상황을 다 만들어 혼자 1인극을 하는 것이다. 아마도 누군가 보기라도 하면 미친 사람으로 생각할 것이다. 그러다 보면 스트레스는 저절로 풀리거나, 한결 기분이 나아지곤 한다. 사람을 대하는 직업을 가진 사람이 자신의 감정을 통제하지 못한다면 이미 중요한 한 가지를 놓치고 있는 셈이다. 항상 긍정적인 마음을 가지려고 노력하고, 그것이 여의치 않을 때에는 자신만의 방법을 찾아 빨리 풀어버리는 것이 반드시 필요하다.

◉ 남다른 아이디어와 열정이 무기다

영업직은 순수하게 자신의 의지와 노력, 그리고 아이디어로 승부를 본다는 점에서 매력적이었다. 나 자신의 성향과도 잘 맞을 것 같았다. 그런데 당시 나의 상사였던 K부장은 나의 영업직 전환을 허락하지 않았다. 욕만 먹고 뜻을 이루지 못하자 나는 퇴근 후에 K부장 집에 들러 간청했다.

1979년 뭔가 나라에 큰 변고가 있으리라 짐작했던 10

월 26일 바로 다음 날. 나는 K부장의 호출을 받았다.

"정만기. 꼭 영업 일을 해야겠어? 웬만한 각오가 아니면 아무나 할 수 없는 게 영업 일이야. 겉으로 보기엔 설렁설렁 돌아다니는 것 같아도 정말 치열한 각오가 없으면 한 달도 못 버티는 일이라구!"

결국 K부장의 마음이 움직이는구나, 싶었다.

"저 역시 그냥 지나가는 말로 드리는 말씀이 아닙니다. 몇 날을 두고 고민했고, 또 영업에 대한 사전 조사도 다 해본 끝에 내린 결론입니다. 그냥 지나가는 호기심에 드리는 말씀이라면 제가 이렇게까지 부장님께 청을 드리겠습니까? 부디 저를 한 번 믿어주십시오."

K부장은 잠시 침묵하더니 크게 숨을 들이마시고는 무겁게 입을 열었다.

"자네한테 좋은 결정이었으면 나도 기쁘겠네."

결국 나는 영업직으로 전환됐다. 나라에 큰 변화가 있었고, 격동기를 지나는 시점에 내 인생을 전환하는 결정이 내려진 것이다. 그날 이후로 나는 자동차 영업직을 시작했고, 내 일생의 일이 되었다.

K부장은 훗날 현대기아차 사장까지 역임했다. 나의 일생을 바꾼 결정권자였으며, 나의 결혼은 물론 나의 딸 결혼

식까지 참석해 준 특별한 인연이다.

　일생에서 어떤 사람은 이렇듯 다른 사람의 일생에 지대한 영향을 미치는 사람으로 남기도 한다. 내가 '사람'을 중시하고, 항상 사람의 연(緣)이 가장 중요한 일이라고 생각하는 이유이기도 하다.

　어렵게 이룬 변화였으니 최선을 다해야만 했다. 누구나 알다시피 영업일은 결코 만만한 게 아니다. 몸으로 뛰어야 하고, 사람을 상대해야 하며, 별의 별 성격을 가진 사람들의 성향에 일일이 맞춰야만 하는 일이다.

　어릴 적 아이스케키 장사를 했던 경험, 단추 장사며 월부 책장사를 했던 기억들이 주마등처럼 떠올랐다. 그러나 자동차 영업은 그런 일들과는 비교 되지 않을 만큼 전문적인 일이다. 무조건 열심히 하는 수밖에 없었다.

　본격적인 영업직원으로서의 삶이 시작됐다. 나는 남들보다 몇 배의 노력을 기울였다.

　영업팀장은 초보 영업직원들의 능력을 키워주고자 혹독한 트레이닝을 시킨다. 비록 자동차 계약이 성사되지 못하더라도 많은 사람을 만나라는 뜻으로 하루에 50명의 명함을 받아오라는 과제를 내 주기도 한다.

하루 100명과 면담해도 50장의 명함을 받기는 힘들었
다. 이럴 때면 다른 직원들같이 세운상가 명함 집에 들러
명함을 얻어오고 싶은 마음이 굴뚝같기도 했다. 그러나 나
는 정공법으로 일관했다. 시키면 이를 악물고라도 기필코
목표를 달성했고, 누구보다 부지런히 돌아다녔다.

무더운 여름날 하루 종일 걸어 다니다 보면 양복바지는
후줄근하게 절여진 파김치가 되기 일쑤였다. 당시 서울 사
대문 안의 건물 중 내가 들어가 보지 않은 건물은 거의 없다
고 생각한다. 별다른 운동을 하지 않는 내가 건강을 유지한
것은 아마도 꾸준히 걷는 데 일가견이 있기 때문 아니었을
까. 그러나 그렇게 열심히 돌아다니는 것만으로 끝나지 않
는다. 남다른 멘탈도 중요하다.

일면식도 없는 사람을 불쑥 찾아가 한두 푼 하는 것도
아닌 차를 사라고 권하는 일이 어찌 쉬운 일이겠는가. 얼굴
도 화끈거리고 사람 응대하는 일도 보통이 아니다.

어떤 사람은 말을 시작하기도 전에 책상 위에 턱 하니
걸친 다리를 까딱거리며 나가라는 발짓을 하는 수모를 주기

도 했다.

한 번은 스텔라를 구입하겠다며 방문을 요청한 고객이 있었다. 기쁜 마음으로 방문했지만, 그 고객은 무리한 현금 할인을 원했다. 들어주기 힘든 조건이었기 때문에 다른 조건의 인센티브를 주겠다며 제시했다. 그러나 그 고객은 내 말이 끝나기도 전에 갑자기 일어서더니, 견적서와 카탈로그를 들고 고객 옆에 붙어 서서 설명하는 나를 확 밀어버렸다.

무방비상태에서 당한 일이라 나는 그대로 엉덩방아를 찧고 말았다. 서류들은 바닥에 어지럽게 흩어졌다. 갑자기 당한 일이라 경황도 없고 부아가 치밀기도 했다. 하지만 내 스스로 정한 영업의 원칙을 지키고자 꾹 참을 수밖에 없었다. 그 원칙이란 '어떤 경우라도 고객에게 화내지 않는다.' 였다.

어떻게든 마음을 추스르려고 밖에 나와 담배를 한 대 피워 물고 있는데, 갑자기 사무실 안에서 딱딱한 말소리가 흘러나왔다.

"이봐요, 빨리 와서 계약서 작성하시오!"

그리고 며칠 후 차가 출고되는 날 그 고객과 식사를 하게 되었다. 그 고객이 뜬금없이 던지는 말.

"이봐! 내가 그날 당신한테 얼마나 미안했는지 알아?"

미안하다는 말은 한 번도 듣지 못한 채 성내듯이 미안한 마음을 전하는 고객을 보면서 세상에는 참 독특한 사람이 다 있구나 하는 생각이 들기도 했다.

훗날 그 사무실의 여직원에게 들었던 말에 의하면 그 고객과 함께 십 몇 년을 근무했어도 단 한 번도 웃는 얼굴을 보지 못했단다.

세상에는 별의 별 사람이 다 있다. 그 수많은 성향을 지닌 사람들을 고객으로 맞이하고, 항상 같은 마음가짐으로 대해야 하는 것이 영업인의 기본자세다.

◉ 작은 차이가 큰 결과를 만든다

어쨌든, 나의 영업력은 고생에 비례해 나날이 늘어갔다. 수없이 뿌려지는 명함 중 대부분은 쓰레기통으로 직행한다는 사실을 알고는 특별히 명함을 코팅하는 아이디어로 인지도를 높이기도 했고, 말단 직원에게 차량구입 의사를 타진해봐야 소용없으니 무조건 결정권자에게 직접 의사를 전달하는 것이 가장 효과적이라는 것도 터득했다.

영업을 뛰면서 항상 좋지 않은 기억만 있었던 것은 아니다. 흔한 사례는 아니지만, 우연히 들른 회사에서 마침 업무용 차량 두 대를 구입하려는 참이었다고 바로 계약에 성공하는 경우도 있었다.

영업직은 물론 힘든 일이었다. 하지만 나는 그것을 모르고 결정한 것도 아니었고, 스스로의 장점을 살릴 수 있는 길이라고 판단했기 때문에 아무리 힘들어도 불평하지 않았다.

열심히 노력한 결과 나는 이듬해인 1980년 현대자동차에서 주관하는 '골든배지 캠페인'을 수상하는 결실을 보기도 했다. 1980년 현대자동차 영업부에서는 자동차 영업의 비수기인 6~7월 두 달 동안의 캠페인이 있었다. 1등에게는 금배지와 상장이 수여되는데, 마감 하루 전 날 선배 한 분이 자신이 현재 1위로 2등인 나보다 5대가 많다고 넌지시 자랑하는 것이었다.

아마도 날고뛰는 노력을 해도 결코 내가 넘어설 수 없으리라는 확신이 있었던 것 같다. 하기야 하루는커녕 한 달 동안 한두 대 팔기 어려운 직원들도 있었으니, 하루에 5대 차이를 극복하는 것은 사실상 불가능해 보이기는 했다.

그러나 나는 갑자기 오기가 발동했다.

'젠장, 기운 빠지게 2등이 뭐람? 1등이 아니면 다 똑같은 거 아냐?'

내가 원해서 힘들게 전환한 업무고, 누구보다 열심히 할 수 있다고 스스로에게 다짐했던 시간이 떠올랐다. 나는 집계 마감 당일 출근하자마자 영업소에서 관련서류를 챙겼다. 그리고 비장한 마음으로 영업소를 나섰다. 택시 한 대를 대절해 하루 종일 기사와 함께 돌아다녔다. 비용은 크게 중요한 것이 아니었다. 하루 종일 차를 대여하는 돈이 아깝다면 1등을 하겠다는 꿈을 품지 않는 것이 맞다. 사실 그리 큰돈도 아닌데, 주저하는 이유는 자신이 이미 '안 될 것이다'라는 생각에 마음이 사로잡혀 있기 때문이다. 안 된다는 생각이 먼저 드니 택시비가 아까운 것이다. 만약 '나는 반드시 오늘 영업목표를 달성해 1등을 할 수 있다.'고 믿는다면 그까짓 택시 대절비용이 아까울까?

나는 가망고객들을 만나 열심히 설득했다. 어떤 고객에게는 떼를 썼고, 또 어떤 고객한테는 솔직하게 상황을 알리고 도와 달라 당당하게 요청했다. 숨 가빴던 하루가 지나자 입에서는 단내가 풍겨 나왔다. '하루'라는 시간이 이렇게 길었던가. 그동안 무심히 지나친 '하루'라는 시간이 이렇게 많은 일을 하고, 이렇게 많은 사람을 만날 수 있는지, 나는 그 날 절실히 깨달았다.

나는 그 하루 동안 최종 11대를 계약함으로써 그 선배를 앞질렀다.

"아이쿠야, 내가 정만기에게 당했구나!"

마감 날 두 대를 더 추가해 7대 차이를 하루에 추월할 수 없을 거라고 확신했던 선배의 허탈한 표정은 두고두고 잊혀지지 않는다.

다음 달, 상금으로 받은 돈은 물론 내 월급까지 털어가며 선배를 위로하는 술자리를 만들어 아낌없이 풀었다.

그리고 타 부서 사람들에게도 수상턱을 톡톡히 냈다. 전혀 돈이 아깝지 않았다. 나에게 돌아올 질투와 시기의 소문을 일찌감치 잠재우는 효과도 있었을 뿐더러, 앞으로 '영업왕 정만기'의 활약상을 눈여겨보라는 하나의 선언이기도 했다. 나에게 1980년의 골든배지 수상은 단순한 영업독려 이벤트를 넘어 스스로의 의지를 다잡는 하나의 큰 계기가 되기도 했다.

날씨가 궂은 날에는 통상 영업실적도 시원치 않은 경우가 많다. 자영업자들의 장사도 잘 안 되는 편이다. 그런 날

차를 사라고 권하는 것은 실패하기 쉽다. 그러나 나의 경우는 달랐다. 오히려 날씨가 궂은 날 영업효과가 좋았다.

우중충한 날씨에 얼굴 가득 미소를 띠고 다가가는 모습이 좋게 여겨진 것인지, 궂은 날씨에도 불구하고 열심히 영업하는 모습이 마음을 움직인 것인지는 모르겠다. 어쩌면 다들 궂은 날 하지 않으려하기 때문에 내가 하는 영업활동이 더 효과가 있었는지도 모를 일이다.

정 비가 많이 오는 경우라면 다른 방법을 생각해 봐야만 한다. 기상이 받쳐주지 않아서, 이런 저런 조건이 맞지 않아서 일을 하지 못하는 것은 핑계에 지나지 않는다. 비바람이 몰아치는 날이면 난 서울 소공동 지하상가나 남대문 도매시장, 대형 병원 등 단위가 큰 집합건물을 돌아다녔다.

이왕 내가 다녀야 할 영업 관할지역이라면 일부러 비오는 날 이런 지역을 돌아다니는 계획을 짜면 된다. 내가 스스로에게 정말 일을 할 수 없는 상황인지 자문해 봐야 한다.

남들은 나에게 영업에 뛰어들어 이룬 실적을 보고는 '운이 좋았다'고 말하기도 한다. 실제로 남들에 비해 훨씬 단기간에 영업왕 칭호를 듣는 영광도 누렸고, 남들과 같은 건수의 계약을 하더라도 나의 경우 고급차 비율이 훨씬 높았다.

물론 나의 삶에 운도 많이 있었으리라.

하지만 나는 남들과는 다른 나만의 차별성을 만들고자 노력했다. 해가 좋고, 부드러운 미풍이 불어오는 따뜻한 봄날, 어떤 일을 해도 술술 잘 풀릴 것만 같은 그런 날이 아니라고 나한테 주어진 날씨 탓을 하는 것은 영업인의 올바른 자세가 아니다.

영업인은 누구보다도 경쟁이 치열한 업종에 종사하는 사람들이다. 같은 영업직원끼리, 다른 회사의 제품과, 고객의 마인드와도 경쟁을 해야 한다. 최고의 조건이 주어지지 않았다고 불평만 하는 사람에게는 결코 경쟁력은 생기지 않는다.

그래서 나는 훗날 나의 후배를 추천할 때에도 가장 중요한 요소로 진정성과 함께 끈기를 본다. 자신을 넘어서지 못하면 이 치열한 시장에서 살아남기 힘들다.

같은 돼지머리라도 웃는 돼지머리가 5천 원 더 비싸다. 이왕이면 웃으며 다가가는 사람이 훨씬 더 인상이 좋은 것은 기정사실이다. 돈이 드는 것도 아니고, 크게 힘이 드는 것도 아닌데, 이 쉬운 일을 왜 사람들은 잘 이행하지 못하는 것일까?

어쨌든 나는 잘 웃었고, 친절한 행동으로 누구보다 반갑게 사람을 맞이했다. 훗날 우연찮게 사고를 당했을 때는 그 참에 인상을 바꾸기 위해 아예 뻐드렁니를 교정하기도 했다.

누군가는 '남자가 무슨 외모에 그리 관심이 많느냐'라고 할지 모르지만, 나는 피부 관리에도 나름 신경을 많이 쓴다. 고객 중에 피부과 원장님이 있어 일정한 기간에 한 번씩 잡티 제거도 하고, 평소에도 로션과 트리트먼트, 각질 팩 등을 이용해 꼼꼼하게 정성들여 피부 관리도 한다. 고객들을 대하는 나의 작은 성의이자 노력이다.

큰 요소보다 작은 요소에 치중해야 성공할 확률이 높다. 큰 요소는 누구나 신경 쓰지만, 작은 요소는 모두가 신경 쓰지 않기 때문이다.

내가 올린 영업실적 중에 가장 적은 비용으로 가장 큰 효과를 낸 경우는 번듯한 대기업이나 회장님과 같은 유력자를 통해 이뤄진 것이 아니다.

어느 날, 나는 원효로 현대자동차 서비스센터에 들르는 길에 '서울시 용달지부'라는 간판을 보게 되었다. 작고 초라한 사무실에 직원이래 봤자 지부장, 사무장, 총무, 여직원 3명이 전부였지만, 이곳은 서울시 용달업을 하는 회원 900여 명을 관리하고 있는 곳이었다.

용달사업자들은 대부분 영세한 상황에 처해 있었다. 차량을 교체할 때 차량 선수금도 모자라 지부기금을 융자받는 상황이 많았다. 영세하건 부유하건 차량이 필요한 사람인 것은 마찬가지다. 나는 이곳의 사무장은 물론 지부장, 직원의 성향을 모두 파악해 몇 날에 걸쳐 인간 정만기의 신뢰를 쌓기 위해 노력했다.

　　다른 영업직원들은 그런 분야에 눈을 돌리지 않았다. 자기 차 월부금은커녕 선수금조차 없어 쩔쩔매는 사람들한테 무슨 차를 팔겠냐며 반문할지 모른다. 그러나 나의 생각은 달랐다. 영업인에게 '차 한 대'의 가치는 같다. 그 주인이 돈이 적건 많건, 최고급 세단이건 화물차건 한 대의 '차'를 팔았다는 사실은 변함이 없는 것이다.

　　나는 지부장의 도움으로 회원들의 차량 교체를 도맡았다. 발이 아프도록 돌아다녀봐야 한 건의 계약을 성사시키기가 어려운 세상에, 나는 용달지부 사무실에 서류만 갖다 놓고 알아서 작성된 서류만 수거해 오는 상황이 되었으니 이 얼마나 호사인가. 물론 용달지부 사람들에게 나는 지극히 정성껏 대했다. 고급스럽거나 화려한 대접은 아니었지만, 인간미가 넘치는 따뜻한 대접을 통해 그들은 나와 지속적으로 친분을 이어갔다.

⚙ 이제는 말할 수 있다

　역사란 참 우연한 사건이 촉매제가 되는 경우가 있다. 물론 그 우연한 사건이 큰 파장을 만들어 내려면 충분히 여건이 만들어져야만 한다.

　영업인의 삶은 고달프다. 멘탈이 보통 사람의 갑절 이상으로 강해야만 온갖 사람들의 취향과 성격을 맞춰 줄 수 있다. 스트레스가 많다보니 술자리를 가지는 경우도 많다.

　어느 해 늦가을, 당시 회사 사옥이 종로구 계동 창덕궁 옆에 있었기 때문에 종로에서 주로 술을 마셨다. 하루는 동료 몇몇과 어울려 피맛골에서 빈대떡에 막걸리를 마시다 보니 통행금지 시간을 넘기고 말았다. 난감했지만 곧 모두 의기투합했다.

　"까짓꺼 하루 날 밤 샌다고 인생에 뭐 크게 문제 있겠어? 그냥 제끼자구!"

하루 종일 빌딩을 오르락내리락 하며 몸은 지칠 대로 지쳐 있었고, 쌓이는 스트레스 때문에 술은 빨리 올랐다. 시간은 너무도 많이 남아 있었다. 막걸리집 문을 닫아걸고 술이 깨다 말다, 졸다 말다 하며 하룻밤을 꼬박 새웠다.

마침 이날은 광화문 사거리의 현대해상화재보험 건물에 있는 전시장 당직근무를 서야 했기 때문에 나는 집에 들를 생각도 하지 못했다. 몹시도 피곤했고, 어디라도 들어가 좀 씻고 나오고 싶었지만, 당시만 해도 24시간 사우나는커녕 도심 한복판에 목욕탕조차 없었다. 게다가 목욕탕이 있더라도 혹여나 잠이 들면 큰일이라는 생각에 통행금지가 풀리자마자 바로 광화문 전시장으로 걸어가기 시작했다. 아직 동이 트기도 전이었다.

늦가을의 새벽날씨는 꽤나 쌀쌀했다. 양복 깃을 올려 세우고 팔짱을 낀 채 종종걸음을 치고 있었는데, 갑자기 건물 앞이 부산해졌다. 경비가 뛰쳐나오고, 몇몇 직원이 황급히 차의 문을 열고 있었다. 차에서 내린 것은 다름 아닌 굵은 뿔테안경, 정주영 회장이었다.

나는 순간 어떻게 행동해야 할지 몰라서 엉거주춤 서 있었는데, 갑자기 정 회장이 주변을 쓱 둘러보더니, 나를 지

목하는 게 아닌가.

"자네, 이리 좀 와 보게."

나는 황급히 양복 깃을 내리고 앞으로 다가갔다. 정신이 번쩍 들었다. 관리직 시절 정세영 사장실을 출입하는 것만으로도 황송했는데, '왕회장'이란 칭호를 받는 정주영 회장님이 친히 나를 부르시다니.

'일찍 출근했다고 칭찬이라도 하시려나?'

그러나 상황은 전혀 달랐다.

"자네, 현대 직원인가?"

"네. 그렇습니다. 현대자동차 영업직원입니다."

나는 짐짓 군기가 바짝 든 목소리로 절도 있게 답했다. 그러나 돌아온 반응은 내 기대와는 백팔십도 달랐다.

"자네, 머리가 이게 뭔가? 영업직원이라면 머리를 단정하게 하고 다녀야지."

마침 이발할 시기가 되어 머리도 길었던 데다, 지난 밤 술자리에서 흐트러진 머리를 제대로 손질할 시간이 없었던 탓이었다.

짧은 한 마디의 훈계를 들었을 뿐인데, 오전 내내 영 찜찜했다.

그러더니 오후가 되어서 갑자기 전 직원 단발령이 내려

현대자동차 영업부 초창기 시절인 1980년. 용산 미군부대에서 있었던 현대자동차 판촉행사장. 긴 뒷머리를 펄럭이며 열심히 뛰어다녔던 시기였지만, 훗날 이 뒷머리가 '현대그룹 단발령'이라는 사건을 만들어내는 계기가 된다.

졌다. 모두 뒷머리를 깎아 귀가 드러나게 해야 한다는 것이었다. 갑자기 이발을 하러간다, 이발소 줄이 너무 길다, 난리 북새통이 이뤄졌다. 머리를 깎고 와서도 나를 비롯한 수많은 직원들이 다시 깎아야만 했다. 기준이 좀 더 강화되어 뒷머리를 아예 하얗게 깎으라는 지시가 다시 떨어졌고, 어떻게든 머리를 사수하려는 직원들의 반발도 이어졌다. 나만 해도 일주일 새 세 번이나 깎아야 했을 정도였다. 일주일 새 세 번이나 들락거리며 머리를 깎으니, 이발소 주인은 세 번째는 돈을 받지 않았다.

한 직원은 이렇게 두발규제까지 하는 직장에는 다니지 못하겠다며 사직서를 쓰는 일까지 벌어졌다. 나는 정말 깜짝 놀랐다. 아무래도 이 난리의 원인 제공자가 나인 것만 같아서였다. 정말 사소한 일이었는데, 이것이 이 수많은 직원에 영향을 미치고, 또 퇴사를 하는 사람까지 생겨나다니. 그리고 왕회장의 한 마디는 정말로 대단한 것이구나, 라는 생각도 들었다.

이 단발령은 단 며칠 동안 범현대그룹의 용모를 통일시켜 버릴 만큼 막대한 영향을 끼쳐, 결국 이 사태가 신문에까지 보도되기에 이르렀다. 그리고 이 변화는 현대맨들의 의지를 나타내주는 하나의 상징으로 받아들여졌다.

1982년 10월 30일자 경향신문을 보면 '불황타개 이색작전', '현대그룹에 단발령', '단정한 용모 세일즈 좌우', '주변 이발관 때 아닌 호황' 등의 문구가 보이고, 기사 본문에는 "'현대식 짧은 머리'는 날

현대그룹의 단발령 기사가 실린 1982년 10월 30일자 경향신문. 당시 신문은 현대그룹의 단발령을 '불황을 타개하려는 현대그룹의 의지'로 표현하고 있다.

로 치열해지는 국제경쟁을 이겨내려는 기업의지의 표현이기도 하다."라는 내용이 보인다.

정주영 회장이 사장단 회의에 앞서 먼저 머리를 깎고 솔선수범했다니, 그 새벽에 나를 만나 한 마디 하면서 얻은 영감으로 그 엄청난 변화를 일사천리로 진행했을 지도 모른다.

어쨌든, 당시에는 단발령의 뒤에 이런 일화가 있었다는 사실을 말하지 못했다. 직원들은 단발령에 불만을 가지고 있던 사람이 꽤 많았고, 나 역시 그것이 나로 인한 것인지 확신이 서지 않았기 때문이다. 그러나 이제 와 생각해 보면 전 직원 단발령의 원인은 바로 나였던 듯싶다.

어쨌든 그때 현대 직원들의 머리모양은 유명했다. 누구나 현대 직원임을 알아볼만한 상황이었다.

그런데, 이렇듯 '현대머리'가 알려지기 전에 웃지 못할 에피소드도 있다. 하루는 급하게 본사로 들어가는데 신호위반으로 교통경찰한테 붙잡혔다. 나는 일이 급하기도 했고, 신호위반 걸린 상황이 짜증났다.

"면허증 주세요."

"아, 좀 급한데 빨리 갑시다."

그러자 그 교통경찰은 나를 쓱 보더니 면허증을 다시 달라는 말은 않고, 씩 웃는 것이 아닌가.

"아, 예. 몰라뵀습니다. 급하시다니 어서 가시죠."

나는 어안이 벙벙했지만, 그냥 차를 몰고 빠져나왔다. 나중에 알고 보니 그 교통경찰은 나를 청와대 경비대 소속 경비요원으로 착각한 것이었다. 당시만 해도 청와대 경비요원 빼고는 그렇게 뒷머리가 하얗게 드러나도록 깎은 사람이 없었을 뿐더러, 양복과 와이셔츠가 경비요원의 것과 흡사했기 때문이었다.

물론 시간이 지나면서 누구나 그런 머리 모양을 한 사람이 현대그룹 직원이라는 것을 알면서 그런 오해는 사라졌지만. 재미있는 지난 추억 중 하나였다.

❀ 꾀+신뢰=지혜, 꾀-신뢰=술수

세상의 모든 동물은 나름의 생존방법을 가지고 있다. 치타는 최고의 단거리 스피드를 무기로 사냥감을 사냥하며, 늑대는 대단한 지구력으로 끊임없이 사냥감을 몰아 지치게 하는 방법을 사용한다. 사자는 강력한 힘과 날카로운 발톱이 무기다. 표범은 다른 포식자가 가지지 못한 강력한 턱힘과 나무를 오르는 기술로 생존한다.

어느 동물의 힘이 가장 세고, 날카로운 이빨을 가졌는가는 중요하지 않다. 이 모든 동물이 다 현재 지구상에 살아남았고, 생존의 기술을 발전시켜 종을 보존해 왔다.

나에게는 다행히도 성실과 진정성이라는 나름의 무기가 있었지만, 그것만으로는 이 험난한 생존경쟁에서 살아남기가 쉽지 않았다. 나에겐 하나의 무기가 더 있었다. 바로 임기응변의 꾀다. 흔히 '꾀'라고 하면 '잔꾀'라는 말로 받아들이며 부정적인 어감이 있는 것이 사실이다. 그러나 나는 '지혜'라는 말보다 '꾀'라는 말을 더 좋아한다. 지혜는 왠지 너무 거창하고 무겁게 느껴진다.

물론 삶의 전체를 통찰하는 '지혜'를 터득하는 것은 매우 중요하다. 제대로 된 철학이 없는 사람치고 자신의 분야에서 성공한 사람은 없다.

하지만 영업인의 삶을 살아가는 사람에게는 지혜와 함께 반드시 갖춰야 할 덕목이 바로 '꾀'라고 생각한다. 시시각각 변화하는 상황에 제대로 대처하기 위해서는 순간적으로 응대할 수 있는 순발력이 필수적이다. 그때그때 활용할 수 있는 꾀가 있다면 훨씬 만족할 만한 결과를 만들 수 있다.

다만 꾀에는 반드시 필요한 것이 있으니, 바로 신뢰다. 신뢰가 없는 꾀는 잔꾀에 불과하며 상황을 모면하는 데만 쓰일 뿐, 장기적으로 결코 이로움을 주지 못한다.

나는 특별한 취미가 없다. 남들처럼 등산이나 독서와 같은 고상한 취미도 별로 흥미를 느끼지 못한다. 다만 한 가지 즐기는 것은 사람을 만나 함께 어우러지는 한 잔 술이다.

술을 꽤나 즐기면서 이런 저런 우여곡절을 겪은 적도 많았다. 젊은 날 호기롭게 술을 마시며 이런 저런 사건에 연루되기도 했다. 그러나 한 가지 다행인 것은 이 나이가 되도록 단 한 번도 술자리에서 싸움에 휘말려 맞거나 때리거나 하는 일이 없었다는 점이다. 여기에는 나만의 임기응변의 꾀가 큰 역할을 한 적이 많다.

나는 젊은 날 친구들 몇 명과 음악다방식의 운영을 하는 분식집에서 소주잔을 기울이고 있었다. 모두들 얼큰하게 술이 취했고, 건너편 자리에는 운동부인지 덩치가 좋은 몇몇이 그들끼리 어울려 술을 마시고 있었다. 그런데, 그들 중

하나가 신청한 노래를 우리 일행 중 한 명이 따라 불렀고, 이로 인해 시비가 벌어졌다.

"이봐, 거 우리가 신청한 노래를 왜 따라 불러?"

미안하다고 한 마디 하면 될 것을. 술 먹은 청춘이 자신을 숙이고 들어가기가 쉽진 않다.

"좀 따라 부르면 어때? 저 노래가 당신거야?"

몇 마디 옥신각신하다 분위기는 순식간에 험악해졌다. 언뜻 봐도 우리보다 인원수도 많고 기골이 장대하다. 좁은 공간에서 싸움이 벌어지면 매우 골치 아픈 상황이 될 텐데, 피하기도 애매하고 맞붙기도 어려운 상황이었다.

순간 나의 기지가 발휘됐다. 나는 막걸리가 거의 빈 주전자를 들어 냅다 빈자리 위의 형광등 하나를 박살냈다.

"이런 씨, 여기 음악이 뭐 이 따위야! 주인 어딨어!"

깨지는 소리는 요란한데 비해 피해는 크지 않은 품목, 바로 형광등이다. 이에 맞춰 죽이 잘 맞는 친구 하나가 눈치를 채고 과장된 몸짓으로 얼른 거든다.

"야 인마! 만기야! 너 어쩌려고 그래? 아직 집행유예도 끝나지 않았는데!"

갈등은 순식간에 그쪽 패거리와 우리 쪽 패거리 사이에서 가게 주인과 우리 패거리로 옮겨간다. 상대편은 은근슬

쩍 싸움을 접고 가게를 나서고 나는 가게 주인에게 형광등 값을 물고는 사과의 말과 함께 사태를 수습한다.

이런 경험도 있다. 역시 친구들과 어울려 계곡으로 물놀이를 갔을 때였다. 물살에 휩쓸려 죽을 뻔한 나를 친구들이 간신히 건져 인공호흡까지 한 끝에 살아나온 적이 있었다. 친구들이 모두 죽었다 살아났다며 가슴을 쓸어내렸는데, 돌아오는 길에서 또 한 무리의 청년들과 시비가 붙었다. 순간 패싸움으로 번질 위기.

"어차피 난 한 번 죽었다 살아난 놈이야! 뭐가 무서운 게 있어!"

호기롭게 외쳤지만 역시 싸움이 벌어지면 양쪽 다 큰 손실이 나고 하루를 망치는 걸 넘어 경찰서를 들락날락 하며 몇 날 고생할 것이 뻔하다.

보통 무리끼리 싸움이 벌어지면 싸움을 적극적으로 주도하는 자와 말리는 자들이 있게 마련이다. 나는 상대방의 화친파 하나를 잡아 살짝 귀띔한다.

"우리가 지금 싸움을 벌여 이익이 나는 것이 뭐가 있겠소? 우리 쪽에서 날뛰는 저 녀석은 내가 책임지고 말릴 테니, 당신이 당신 쪽 저 사람을 책임지고 말리시오."

결국 패싸움 일보직전까지 갔던 상황은 급반전되고, 돌

아오는 열차에서 친해진 일행은 기차역에 내려 함께 술자리까지 어울리는 웃지 못할 상황이 벌어지기도 했다.

돌이켜 생각해 보면 나는 친구들 사이에서 조정자의 역할이 몸에 밴 듯하다. 물색 모르고 싸움꾼 동창 녀석을 화나게 하는 친구를 내가 먼저 멱살을 잡아 위기를 모면한 일도 있었고, 친척들끼리 모인 자리에서 자칫 부부싸움의 기미가 보여 분위기가 어색해지겠다 싶으면 내가 사이를 비집고 들어가 분위기를 반전시키곤 한다. 직장생활을 하면서도 주로 후배나 선배 사이 조정의 역할이 필요할 때 나에게 도움을 청하곤 했다.

임기응변의 꾀는 영업에 있어서도 많은 도움이 되었다. 순간 기지를 발휘하면 충돌을 피할 수 있을 뿐만 아니라 상대방에게 효과적으로 자신의 존재를 부각시키기도 한다.

하지만 이는 어려서부터 원래 갖춰진 성격이 아니다. 오히려 어렸을 때는 누구 앞에 나서지도 못할 만큼 수줍음이 많은 아이였다. 오죽하면 학교 통지표에 담임선생님이 발표력을 키우고 수줍음을 없애야 한다고 써 놓았을까.

누구보다 사람을 좋아하지만, 수줍음이 많았던 아이가 이 험한 세상을 헤쳐 나가는 무기로 선택한 것은 강력한 힘이 아니라 갈등을 피해가는 유연함이었을 것이다.

꾀를 낼 수 있는 순발력이 없다면 상대방과의 대국에서 수를 읽을 수 없다. 또한, 수를 읽지 못하면 절대로 상대방과의 협상에서 이길 수 없다. 순수한 고객 같으면 진정성을 가지고 말 그대로 자신의 솔직한 모습을 보여주면 된다. 그러나 고객이 순수한 의도만 가지고 다가오는 것은 아니다. 말 그대로 별의 별 사람들이 다 있다. 이런 모든 이들에게 자신의 진정성만 가지고 대하기는 어렵다.

상대방의 의도를 정확하게 읽고 상황에 맞는 대처를 하는 것이 반드시 필요하다. 내가 말한 '꾀'란 이런 상황에서 위기를 돌파하게 만드는 매우 중요한 요소다.

현재 한성자동차의 사장님과 현장점검을 하러 가거나 회의를 하면서 이런 저런 얘기를 나누다보면, 사장님은 이런 얘기를 하곤 한다.

"Mr. 정만기는 사람을 관리하는 능력이 있어요. 그 능력은 과거에는 고객을 관리하는 쪽에서 쓰였고, 지금은 직원들을 관리하는 데 쓰이죠. 위기관리의 능력을 다른 직원들에게 많이 전수해 주시기를 바랍니다."

● 결코 포기하지 않는다

꾀와 함께 반드시 지녀야 할 덕목이 있다면, 바로 끈기
다. 꾀와 끈기, 긍정적 마인드를 함께 갖추었다면 못 이룰
일이란 거의 없다. 최근 정주영 회장의 탄생 100주년을 맞
아 '20세기 최고의 말'로 회자되는 구절이 있다.

"이봐, 해 봤어?"

참으로 단순한 이 한 마디가 함축하고 있는 의미는 매우
크다. 불가능할 것 같은 상황을 단번에 뒤집는 이 말의 의
미는 그동안 한국 경제사에 엄청난 일들을 이루어냈다.

1970년대 국내 산업기반이 거의 없던 시절. 그는 울산
미포만 백사장의 지도와 사진, 거북선이 그려진 500원 짜
리 지폐를 들고 영국으로 가 돈을 빌리고, 26만 톤급 선박
2척도 수주했다.

500원 지폐의 거북선 그림으로 우리나라의 조선기술
역사를 당당히 강조하면서 이뤄낸 이 계약은 지금 생각해도
불가능에 가깝다.

돈도, 조선소도 없는 회사가 '돈을 빌려주면 조선소를
지으면서 같이 배도 만들어주겠다.'라는 제안을 해 계약을

성사시킨 것이다.

이 외에도 당시 20세기 최대 토목공사라 일컬어지는 사우디 쥬베일항 공사를 위해 수심 30m에 설치할 550톤짜리 철재 자켓을 34일 동안 해상 수송해 세계를 깜짝 놀라게도 했다.

1980년대 서산간척지 개발은 '정주영 공법'이라는 신조어를 탄생시켰다. 빠른 유속으로 간척지의 마지막 물막이 공사가 어려움에 빠졌다. 물막이 구간의 폭이 좁아지다 보니 썰물과 밀물의 유속 때문에 번번이 흙과 석재가 쓸려나가 버렸던 것이다.

세계적인 공학자들도 뾰족한 수를 내지 못하고 있을 때, 국민학교 학력이 전부인 정주영 회장이 해결책을 제시한다. 싼 값으로 사들인 폐유조선을 가라앉혀 물막이 구간을 막고, 공사 기간을 무려 9개월이나 단축한 것이다. 물론 이런 '해 봤어?'정신은 과거였기에 가능했다는 평가도 있다. 하지만, 남들이 모두 틀에 박힌 생각으로 '안 된다'라고 할 때 긍정적인 마인드로 생각을 달리하고, 끊임없이 해결책을 찾는 노력을 기울일 때 불가능해 보이는 일은 현실로 이루어진다.

나에게도 이런 일화가 있다. 물론 정주영 회장과 같이 위대한 업적은 아니지만, 이런 나의 자세는 훗날까지 내가 업무를 처리하는 데 큰 자산이 되었다.

훗날 한성자동차 직원들과 함께 1박 2일로 강원도 홍천에 야유회를 갔을 때다. 당시 나의 팀원들은 자칭 타칭 최고의 스타영업인들이었다. 최고의 기량을 뽐내며 당당히 회사의 주축이었던 자랑스런 나의 팀원들.

지금은 끊었지만, 나는 당시 잠깐이라도 담배가 입에서 떨어지지 않을 정도로 지독한 골초였다.

그런데, 야유회를 준비한 후배들이 미처 담배까지는 신경 쓰지 못한 듯, 술자리 도중에 담배가 떨어지고 말았다. 꽁초까지 샅샅이 주워 피웠지만 담배 한 대가 절실히 그리웠다.

결국 후배들은 조를 짜서 담배를 구하러 나섰다. 나름 '보급조'라 부르며 많은 응원을 받고 떠난 그들은 한 시간이 넘게 헤맨 끝에 빈손으로 돌아오고 말았다. 시간이 너무 늦은 탓에 인근을 뒤져봐도 문 연 가게는 커녕 담배 팔만한 곳이 하나도 없더란다. 풀이 꺾인 그들은 동료들의 위로를 받았지만, 나는 생각이 달랐다.

"내가 구해오지."

나는 불과 이십분도 되지 않는 시간에 담배를 구해 돌아왔다. 모두가 믿기지 않는다는 표정이었다.

나는 제일 가까운 민가로 찾아가 무작정 대문을 두들겼다. 이윽고 나온 연세 지긋한 촌로는 무척 성가시다는 표정을 지었다.

"늦은 시간에 대단히 죄송합니다. 요 앞 유원지에 단합대회를 나온 회사원들인데요. 죄송하지만 피우시던 담배라도 좋으니 담배를 좀 구할 수 없을까요? 일행 중에 급체를한 사람이 있어 담배라도 피우게 하면 좀 나을 것 같은데, 아무데도 담배를 파는 곳이 없어서요."

촌로는 내가 내미는 2만 원을 받고 자기가 피우던 담배를 내 주었다. 물론 성가신 표정은 사라진 상태였다.

비록 반 갑 남짓이지만 내가 담배를 구해오자 환성이 터졌다. 매우 비싼 담배이지만, 귀할수록 가치는 더욱 높아지게 마련이다. 이날 피운 담배는 어떤 것과도 비교할 수 없이 맛이 좋았다.

누군가는 '룰을 어기지 않았냐?'고 반문할지 모른다. 가게에서 사지 않았다고, 시세보다 훨씬 비싼 값을 치르고 사왔다고, 거짓말을 했다고.

하지만, 애초부터 룰은 없었다. 오로지 고정관념만 있

었을 뿐이다. 우리에게 주어진 목표는 '담배 구하기'였다. 나는 목표를 달성했고, 누구도 피해보지 않았다. 단잠을 깨워 죄송했던 노인께는 충분한 보상을 통해 만족스럽게 거래를 성사시켰다.

콜럼버스가 계란을 세우기 전까지 어느 누구도 달걀을 세우지 못했다. 그가 룰을 어긴 것이 아니라 우리 마음속에 고정관념이 너무도 깊게 자리하고 있는 탓이다.

고정관념을 걷어내지 못한다면 세상의 혁신은 결코 이뤄지지 않는다.

◉ 생각나면 바로 실행해야 한다

남다른 아이디어를 가지고 있는 사람은 세상에 드문 인재다. 남과 다른 사고방식을 통해 새로운 가능성을 열 수 있기 때문이다. 그러나 이런 남다른 인재가 제대로 된 영업인이 되기 위해서는 반드시 갖춰야 할 것이 있다. 바로 즉각적인 실행이다.

확신을 하는데도 앞 뒤 재면서 이리저리 계산하는 것은 바람직하지 못하다. 그런 시간이 있다면 되든 안 되든 바로 행동에 옮기는 것이 중요하다.

현대사회에서는 짜인 시간의 스케줄에 맞춰 살아가기 때문에 자신의 스케줄에 맞추다가는 많은 기회를 놓치게 된다.

번뜩이는 아이디어와 함께 즉각 실행에 옮기는 자세가 필요하다.

한 번은 친한 친구가 아버지 상을 당해 장례식을 치르고 그 후처리를 함께 한 적이 있었다.

장지에서 하관절차를 하려 하는데, 아뿔싸. 사망신고서가 있어야만 장지에 고인을 묻을 수 있단다. 공교롭게도 그때가 금요일 오전이었다. 사망신고를 하기 위해서는 고인이 사망한 청량리 위생병원에서의 사망진단서가 필요한데, 이 날 병원의 근무는 오후 1시까지였다. 이 병원이 제7일 안식교 재단에서 운영하는지라 토요일이 일요일처럼 운영되었기 때문이다.

부랴부랴 청량리 위생병원으로 차를 몰고 달려갔다. 1분 1초가 급한 상황이었다. 자칫하면 고인을 장지에 모시지도 못하고 주말을 보내게 생겼으니, 참으로 난감한 상황이었다. 교통 신호는 안중에도 없었다. 불가능해 보이는 계획이었지만, 대안이 없었다.

가까스로 시간 안에 위생병원에 도착해 사망진단서 발급을 의뢰했지만, 또 다른 일이 생겼다. 사망자의 이름 및 주민등록번호, 주소가 기재되지 않으면 사망진단서를 발급해 줄 수 없다는 것. 휴대전화도 없던 시절이었다.

나는 무조건 고인의 사망진단서를 발급받아 상주에게 전달해야만 했다. 장지에서는 편의를 봐 주어 하관은 했지만, 사망신고서가 도착할 때까지 상주가 붙잡혀 있는 상황이었다.

나는 급히 차를 몰아 중화동 친구 아버지가 살았던 집에 도착해 문패로 주소를 확인하고는 인근의 동사무소에 들러 주민증록등본을 발급받을 수 있었다. 아버지를 잃고 낙담해 있는 상주에게 내가 할 수 있는 역량의 최선을 다해서 후처리를 해 준 기억이다. 안 된다고 낙담하고 있을 수는 없다. 단 1%의 가능성이라도 있다면, 그 가능성을 보고 무조건 달려야 한다. 가능성이 적다고, 여건이 마련되지 않았다고, 충분한 자료가 없다고 이런저런 이유를 들어 미리 포기해 버리는 사람에게 기회란 훨씬 적을 수밖에 없다.

이런 나의 성향을 잘 이어받은 후배들이 몇몇 있다. 그 중에서도 같은 회사에 함께 근무하고 있는 K상무는 남다른 아이디어와 실행력이 돋보이는 사람이다.

나는 그와 현대자동차 영업부 시절 1년 남짓한 시간을 함께 근무한 적이 있었다. K는 신입사원으로 갓 입사한 상태였고, 나는 일 년 후 한성자동차로 옮겼기 때문에 오랜 시간 함께 하지는 못했다. 하지만 짧은 시간 동안 그에 대해 강렬한 인상이 남았던 것은 그의 강력한 추진력과 포기할 줄 모르는 끈기, 그리고 남다른 아이디어 덕분이었다.

그가 입사해 아직 신입사원의 티를 벗지도 못한 상태에서 쟁쟁한 선배들을 제치고 엑셀 3도어 모델 수십 대를 계약한 건은 두고두고 잊혀지지 않는다.

당시 수입담배의 문호도 막 개방된 상태라 S인터내셔널에서 말보로 수입을 추진하고 있었다. 현대자동차의 엑셀 3도어는 판매가 잘 이뤄지지 않아 특별판촉까지 벌이고 특별인센티브도 지급하는 차종인데, 이 차를 수십 대나 구입한다고 하니 누구나 따 내고 싶은 계약이었다.

신입사원으로서는 선배들의 치열한 영업전략을 극복하기가 힘들었을 것이다. 그러나 K상무는 끝까지 포기하지 않았다. 불굴의 추진력으로 마침내 불가능해 보이는 목표를 달성했을 때의 희열은 경험해 본 사람만이 알 수 있다.

그는 카세일즈의 초창기부터 화려한 실적을 올리며 주변에 깊은 인상을 남기는 데 성공한 것이다.

'나는 왜 이렇게 기회가 오지 않을까? 나는 왜 좋은 사람이 주변에 없을까? 나는 왜 매번 일이 꼬이기만 할까?'

이런 생각에 붙잡혀 있다면 한번쯤 찬찬히 자신과 주변을 살펴보길 바란다. 남다른 생각으로 돌파구를 찾는 사람에게 무모하다고 비난한 적은 없는지, 불가능해 보이는 여건에서 가능성을 발견한 사람에게 운이 좋다고 비아냥거린 적은 없는지, 주변의 많은 인사들과의 인연으로 필요할 때마다 적절한 도움을 받는 이에게 사람을 이용한다고 질투한 적은 없는지.

2_장
사람이 재산

••• 인생의
터닝포인트를
맞이하다

현대자동차에서 영업직으로 전환한 뒤 나는 최선을 다
해 일했다. 적성에도 맞았고, 무엇보다 내 스스로 영업원칙
을 정해서 움직인다는 점이 좋았다. 수동적으로 주어진 업
무를 해내면 좋은 평가를 받는 사무직과는 다른 성취감이
있었다. 물론 몸은 갑절로 힘들었다. 업무시간도 사무직일
때보다 훨씬 길어졌다. 하지만 나는 영업직이 좋았다.

국회의원 각자가 곧 입법기관인 것처럼, 나는 현대자동
차의 걸어 다니는 영업소라는 생각을 하니 자신의 위상이 더 커 보였다. 현대사회에서 자신이 가진 능력을 자신의 의지로 마음껏 펼치며 살아가는 사람이 몇이나 되겠는가? 나는 아직도 영업이 나의 천직이라고 생각한다.

영업직은 나에게 인생의 중요한 철학을 안겨준 소중한 일이기도 했다. 나의 행동과 말투가 좀 더 사려 깊어지고, 상대를 배려하는 쪽으로 흐르게 되자, 자연 내 주변의 좋은 사람들과의 교분이 이어졌다. 나는 내가 만나는 고객뿐 아니라 한 사람, 한 사람에 대해 작은 말 한마디나 행동 하나라도 조심스럽지 않을 수 없었다.

한 번 맺은 좋은 인연은 오래도록 이어졌다. 영업직원들이 흔히 저지르게 되는 실수 중 하나가 사람에 대한 차별 대우다. 가망고객에 대해서는 훨씬 좋은 대우를, 그렇지 못한 사람에게는 상대적으로 좋지 못한 대우를 하는 것이다.

그러나 나는 생각이 달랐다. 가망고객이나 비가망고객이나 나에게는 똑같은 잠재고객이었다. 비가망고객이 가망고객이 될 수도 있고, 가망고객이 비가망고객의 친구일 수도 있다. 또한 끝내 고객이 되어주지 못할 사람이라도 그 사람은 우리가 함께 살아가는 사회의 일원이다.

그 사람은 반드시 다시 만나게 된다. 현대자동차 영업 일선에서 나는 많은 사람을 만났고, 좋은 관계를 유지했지만, 특별히 신경 쓴 사람들은 바로 현대자동차 내부 직원들이다. 내부직원이라고 나의 고객이 되지 말란 법이 있는가? 게다가 내부직원과 좋은 관계를 이어놓으면 업무에도 여러 가지 좋은 점이 있게 마련이다.

나는 내부 직원들과 두루 교분을 이어갔지만, 현대자동차 재직 당시 특히 특수영업부 직원들과 친했다.

얼마나 이들과 친분이 두터웠으면 특수영업부 야유회 및 회식에 내가 빠지는 적이 없었고, 직원들 중에는 특수영업부 K부장과 친인척 관계인 줄로 오해하는 사람까지 있었을 정도였다.

그런데 이런 특수영업부 직원들과의 남다른 친분이 훗날 나의 인생에 또다시 중대한 터닝포인트를 만드는 계기가 된다. 당시 특수영업부는 각국 대사관이나 미8군 등에 벤츠를 면세로 판매하고 A/S를 담당하는 부서였다. 그런데, 1987년 외제차 수입이 자유화되면서 특수영업부의 A/S 기술진들이 한성자동차로 영입된 것이다.

나는 특수영업부가 아니었음에도 불구하고 이들과의 친

분과 한성자동차의 필요로 인해 훗날 벤츠판매 영업이라는
새로운 인생의 전환점을 맞이할 수 있었다.

1981년 현대자동차 특수영업부와 함께 한 야유회에서

사람은 누구나 불완전한 존재다. 그 불완전한 부분을 메
우기 위해 사회를 이루며 '협력'이라는 시스템을 만든 것이
아닐까. 앞서 밝혔듯이 나는 훌륭한 집안에서 태어난 것도
아니고, 남다른 학력을 내세울 것도, 별다른 특기로 남을
감동시킬만한 장점도 가지지 못했다. 그러나 나의 주변 사
람들은 세상에 부러울 것이 없을 정도로 그런 능력을 지닌
사람이 많았다. 다행스럽게 그들은 나의 소중한 친구가 되
었고, 그들의 도움은 내 인생을 여기까지 이끌어 왔다.

그들은 때로 나에게 기회를 주기도 했고, 실의에 빠진 나를 위로하기도, 어려움을 탈출하는 교두보가 되기도 하였다. 그래서 내가 내세울 수 있는 유일한 자산은 바로 내 주변의 '사람들'이다.

⚫ 만남을 소중한 인연으로 만들라

현대자동차 영업부 시절 나는 조금은 특이한 고객을 한 분 만나게 된다. KBS에 재직하고 있었던 방송인 K씨다. 지금은 사석에서 형님이라 부르며 격의 없는 사이가 되었지만, 처음에 만났을 때는 고객과 영업직원일 따름이었다.

어느 날, K씨가 전화로 차량구매를 위한 상담을 요청해 왔다. 나는 바로 KBS로 달려가 상담을 진행했다. 그런데, K씨는 나로서는 들어주기 힘든, 다소 무리한 요구를 하고 있었다. 에어컨을 서비스 품목으로 제공해 달라는 것.

당시에는 차량에 에어컨 장착이 기본 옵션이 아니었기 때문에 차량이 출고 된 후 장착하는 경우가 많았다. 에어컨 장착비용만 40만 원을 호가하는 매우 비싼 품목이었다. 당시 차량을 한 대 팔면 영업직원에게 남는 영업수당 이래봐야 5만 원 남짓이었다.

어쩌다가 영업마진을 남기지 못한 채 판매를 해야 하는 경우도 생기기는 했지만, 이런 경우는 처음이었다. 손실을 감당하기 힘든 조건이었다.

나는 어떻게든 계약을 성사시키기 위해 다른 여러 조건을 제시했다. 그러나 K씨는 요지부동. 에어컨 무상장착이라는 조건에서 물러서지 않았다. 몇 번 협상이 결렬된 후 나는 결국 물러섰다. 그리고 반은 포기하고 있는 상태였다. 그런데, K씨한테서 다시 전화가 왔다.

"정 대리님, 나를 한 번 믿어보세요. 나도 무리한 요구란 걸 압니다. 하지만, 인생에서 한 번 신뢰를 쌓는 관계가 되면 한두 번 거래에서 얻을 수 있는 것 이상의 소중한 것들을 얻게 되는 계기를 만들 수도 있지 않겠어요?"

K씨의 말은 사뭇 진지했다. 특이한 고객이라는 생각이 들었다. 영업직원과의 협상에서 '안 된다'는 대답을 들은 고객이 다시 계약을 위한 협상 테이블에 적극적으로 임하는 경우는 거의 없었다. 그냥 고객이 경제적 잇속을 차리기 위해 떼를 쓰는 경우와는 다르다는 생각이 들었다.

어쩌면 K씨는 몇 차례 오고간 협상 끝에 내가 마음에 들었는지도 모르겠다. 그것이 아니고서야 안 된다는 조건을 이렇게 끝까지 고집하며 나와의 거래를 성사시키려는 필요가 있을까 싶었다.

그렇더라도 요구 조건을 그대로 들어주기에는 손실이 너무 컸다. K씨와의 거래를 성사시키면 나는 8명의 고객 유치를 대가로 지불해야만 했다.

그러나 나는 손실을 감수하기로 마음을 고쳐먹었다. 정상적인 판단이 아니었다. 그만큼 K씨의 눈빛이 나에게도 진정성 있게 다가왔는지도 모른다.

당시 국영방송 KBS는 아무나 들어갈 수 없었는데, K씨와 관계를 맺고 나자 나는 수시로 KBS에 출입해 PD를 비롯한 직원들은 물론, 연예인까지 수많은 사람을 만나며 나의 고객으로 만들 수 있었다.

K씨를 통해 만나게 된 인연들 중에는 정말 소중한 사람들이 많다. 내 일생의 멘토가 되었던 성모병원 고 이경수 박사님도 K씨를 통해 만났다. 이외에 전 주영대사, 대학병원 유명의사 등 이름만 대면 알만한 유명인들이 줄줄이 나와 친분을 가지게 되었다. 그분들이 또다시 다른 분들을 소

개 시켜 주면서 나의 인맥은 그 전과는 비교할 바 없이 넓어
지는 계기를 만들 수 있었다.

나는 K씨와의 계약을 통해 35만 원의 손해를 봤지만,
K씨를 통해 얻은 이익은 상상하기 힘들다. 금전적인 이윤
역시 막대했을 뿐더러 소중한 인연을 만난 것을 생각하면
어찌 금전으로 환산할 수 있겠는가. 마치 흥부가 제비다리
를 고쳐주고 박씨를 얻은 것과 같았다.

'장사꾼은 보이는 것을 이문을 남기며 파는 데에 열중하
고, 사업가는 보이지 않는 것에 이문과 상관없이 투자한다.'
는 말이 여실히 들어맞는 사례다.

미국의 5대 갑부이자 투자사
버크셔 헤서웨이의 회장인 워런 버
핏(Warren Buffett)의 일화는 많은
것을 생각하게 해 준다.

워런 버핏은 뉴욕에서
2,000km 이상 떨어진 자신의 고향
내브래스카 주 오마하를 거의 벗

어나지 않지만 주식시장의 흐름을 정확히 꿰뚫는다고 해서

'오마하의 현인(Oracle of Omaha)'이라고도 불린다. 그는 자신이 운영하는 버크셔 헤서웨이의 주주총회 때나 얼굴을 내밀 뿐 거의 외부 접촉을 하지 않는다고 한다.

세계 금융계를 움직이는 거대한 '큰 손'이지만, 결코 남 앞에 나서지도 않고, 우쭐대지도 않으며, 그저 시골의 평범한 노인으로 살아가는 것이다.

참고로 워런 버핏을 만나서 3시간 식사를 하면서 담소를 나눌 수 있는 식사권 이베이(E-Bay) 최고 낙찰가는 지난 2012년 345만 6,789달러(한화 약 37억 원)이었다.

이 시골의 노인이 하루는 손자와 함께 시내를 지나다가 마침 최고급 모델의 신차가 전시돼 있는 자동차 쇼룸 앞을 지나가게 되었다. 평소와 다름없이 평범한 옷을 입고 그 앞을 지나던 워런 버핏이 쇼룸 안으로 들어서 차를 만져보려 하자, 직원이 황급히 나오더니 버핏을 제지하는 것이 아닌가.

"저기, 죄송합니다만 함부로 만져보시면 안됩니다."

공손하고 깍듯한 응대였지만, 당신 같은 평범한 노인이 살 수 있는 물건이 아니란 뜻이 분명히 담겨 있었다.

워런 버핏은 손을 거두며 친절하게 말했다.

"아, 실례했습니다."

쇼룸을 나오면서 손자는 할아버지에게 물었다.

"아니, 할아버지. 저 사람은 왜 할아버지가 차를 만지지 못하게 하는 거죠?"

워런 버핏은 잔잔하게 미소를 띠며 말했다.

"아마도 이 할애비의 옷차림 때문인 듯하구나. 저 직원은 할애비가 저 차를 살 수 없는 사람이라고 생각한 걸 거야."

이미 손자는 할아버지가 세계적인 부자라는 걸 알만한 나이였다.

"할아버지, 그러면 할아버지도 저 사람처럼 멋진 양복을 입고 와서 다시 물어보면 되잖아요?"

"저런 멋진 양복을 입는 사람들은 누군가로부터 월급을 받는 사람일 뿐이야. 옷차림이 그 사람의 능력이나 신분을 말해주는 건 아니란다."

🌑 자신감은 나의 정체성이다

현대자동차에서 위기를 한 번 극복한 데는 앞서 말한 K 부장의 덕이 컸다. 그분이 아니었다면, 나는 자동차 영업계에 계속해서 몸을 담을 수 없었을 것이다. 이후 5년 동안 나는 한눈팔지 않고 최선을 다해 영업력을 높이기 위해 노력했다. 그 결과 주변에서 많은 사람들의 신뢰를 쌓을 수 있었다.

그리고 1987년 마침내 나는 나의 능력을 마음껏 펼칠 수 있는 새로운 둥지를 찾았다. 당시는 계속되는 국제무역 수지 흑자로 인해 외국 정부의 통상개방 압력이 거세지는 시기였다. 한국 정부는 더 이상 수입차의 국내 진출을 막을 명분을 마련하지 못했다. 게다가 높아가는 국내 소비자의 요구도 한몫했다. 결국 수입차 시장을 부분적으로 개방할 수밖에 없었다.

1985년 메르세데스 벤츠는 한국 공식 딜러로 한성자동차를 선정해 국내에 진출했다. 이어서 국내 유수의 그룹들도 BMW · 아우디 · 볼보 등과 제휴해 국내 수입시장의 문호를 더욱 넓혔다. 한성자동차의 '한성(韓星)'은 '한국의 별'이란 뜻이다. 벤츠의 로고가 상징하는 삼각별과 잘 들어맞는 기업명이라고 볼 수 있다. 당시만 해도 한성자동차를 아는 사람이 드물었다.

한성자동차가 세계적인 명차 메르세데스 벤츠의 한국 공식 딜러가 되니 의아해 하는 사람이 많았다. 아우디, BMW 등은 효성, 코오롱 등 모두 이름만 대면 알만한 대기업에서 유명한 외제차 브랜드의 딜러권을 따냈기 때문이었다.

나는 수입자유화가 시작된 1987년, 현대자동차에서 한성자동차의 영업과장으로 이직했다. 이 과정에서 현대자동차에서 각별하게 지낸 특수영업부 사람들의 추천이 있었다. 이때 이직한 S, C, A, C 등은 모두 한성자동차의 근간이 되었다. 특히 나를 추천한 S부장은 훗날 MBK(메르세데스 벤츠 코리아) 부사장까지 역임했다. 다른 분들도 한성자동차 상무이사를 비롯해 벤츠 부품 대리점 사장 등 현재 한성자동차를 이루는 주축이 되어 있다.

하지만 당시만 해도 현대자동차 영업직원에서 한성자동차 영업과장으로의 이직이 잘하는 결정인지 확신이 서지 않았다. 현대자동차는 국내 굴지의 대기업이지만, 한성자동차는 이제 막 출범한 신생법인이었다. 게다가 메르세데스-벤츠가 세계적 명차 브랜드이긴 하지만, 국내 정서상 값비싼 외제차라는 인식 때문에 영업이 훨씬 어려울 것은 자명했다.

어려움은 또 있었다. 수입자동차 전문 판매회사인 만큼 외국어 구사능력을 중시하여 채용면접을 외국인이 진행하니, 영어 인터뷰를 준비해야 했다. 앞이 캄캄했다. 영어회화 능력이 갑자기 생길 리는 없었다. S부장이 통역해줄 테니 걱정하지 말라는 말로 나를 안심시켰지만, 걱정이 되는 것은 어쩔 수 없었다. 나는 단 며칠이라도 준비해 보는 쪽을 택했다.

당장 시청 앞 프라자호텔 인근의 영어회화 학원에 수강 신청을 했다. 그리고 예상 질문과 답변 100문장을 한글로 적어가지고는 강사에게 영작을 부탁했다. 며칠 후 영어 인터뷰가 있으니 반드시 필요하다고 신신당부했다. 그리고는 바로 달달 외웠다.

면접 날 직접 통역해 주기로 한 S부장은 마침 당일 일이 생겨 내 면접에 참여도 하지 못했다. 참으로 난감한 상황이었다. 그나마 단 며칠이라도 인터뷰 준비를 했기에 망정이지 S부장만 믿고 있었다가는 아마도 인터뷰를 해 볼 생각도 하지 못하고 면접장을 나와야 했을 것이다. 나는 준비한 예상 질문과 답안에 대해 차분히 상황에 맞춰 얘기했다. 다행히 질문의 범위는 내가 예상한 내용에서 크게 어긋나지 않았고, 나는 무사히 면접을 마칠 수 있었다.

아마도 당시 면접을 봤던 외국인 임원은 나의 영어회화 능력이 신통치 않다는 것을 알아차렸을 것이다.

'고급영어를 구사하지만, 발음은 시원치 않음.'이라는 그의 평가는 아마도 급조된 나의 영어실력을 알아차렸다는 의미 아니었을까.

그가 나를 채용하기로 마음먹은 것은 아마도 나의 도전정신과 주변 사람들의 도움, 그리고 외국어 회화능력이 벤츠 영업에 절대적인 것은 아니라는 인식 때문이었을 것이다. 이렇듯 영어회화 능력은 현대자동차 시절부터 나를 줄기차게 따라다니는 나의 핸디캡이었다.

채용되고 나서도 나는 그 임원이 말이라도 걸어 올까봐 피해 다니기 바빴다. 하지만, 나는 다시 마음을 고쳐먹었다.

'내가 영어회화에 능숙하지 못한 것은 죄가 아니다. 이곳은 한국이고, 나는 한국 땅에서 영업을 하는 사람이지 않은가?'

그로부터 나는 외국인 임원들을 피하지 않았다. 내국인 임원들과의 회의에서도 누군가 노골적으로 나를 골탕 먹일 요량으로 외국어를 섞어 쓰더라도 나는 동요하지 않았다.

나의 능력은 다른 곳에 있었기 때문이다.

　내 아내는 가끔 지난 일을 회고하면서 이런 말을 하곤
한다.

　"당신, 혹시 '세상에 이런 일이' 프로그램에 나가야 되는
것 아니에요? 말도 못하고, 알아듣지도 못하는데 어떻게 외
국계 회사에서 외국인 임원들과 회의를 하고, 업무를 처리
한대요?"

　그러나 아직까지 내가 회사 생활을 해 오면서 의사소통
에 장애를 느낀 적은 거의 없었다. 신기하게도 나는 그들의
말이 무엇을 의미하는 지 다 알아들을 수 있었고, 몸짓 손
짓으로 표현하는 나의 의사도 그들은 정확히 알아들었다.

　의사소통에 있어 언어란 도구일 뿐이다. 의사소통을 하
는 데에는 인류가 훨씬 더 오랜 시간 동안 축적해 온 방법이
있다.

　영어회화능력뿐 아니라 많은 부분에서 나를 주저하게
만드는 상황에 서 있었지만, 앞날에 대해 불투명할 때 나의
결정은 항상 도전하는 쪽에 서 있었다. 그 결과가 비록 실
패로 끝나 쓰디 쓴 인생의 시련으로 남은 적도 있었다.

그러나 내가 일구었던 성공 역시 도전에 대한 보상이었다. 결국 나의 삶을 완성시킨 것은 자신감이요, 나를 실패에서 구원해 준 것은 내 주변의 사람들이었다.

나는 결국 한성자동차로 몸을 옮겼고, 낯설고 두려운 새 영역을 개척했다. 그런데, 출근하고 보니 한성자동차의 영업조직은 아직 제대로 갖춰지지 않았다. 영업직원이 총 4명뿐인 사무실에서 정작 할 일이 없었다.

전시장에는 전시차도 없이 벤츠 사진 한 장만 벽에 붙어있을 뿐이었다. 팔아야 할 차에 대한 한글 카탈로그 하나 제대로 마련되지 않은 상황이었다. 할 일이 없었고, 지시사항도 없었다. 하루 종일 우두커니 앉아 있다가 근처 오락실에서 시간을 때우다 집에 들어오는 일도 있었다.

나는 이래서는 안 된다고 생각했다. 사실상 창설멤버인 우리가 영업의 원칙을 정하고, 새로운 관계를 형성해야 했다. 우선 내가 알고 있던 사람들에게 내가 벤츠 영업을 시작했다는 것부터 알리기 시작했다.

벤츠는 지금도 쉽게 탈 수 있는 차가 아니지만, 당시만

해도 최고의 자리에 오르지 못한 사람은 탈 엄두를 내지 못
하는 차였다.

〈1987년 초창기 판매 모델인 300SEL. 올해 30주년을 맞이한 한성자동차는 초창기에 SEL
모델을 구입해서 현재까지 보유한 고객을 찾아 기념식을 가지고, 사은품을 증정했다

　나는 당시에 벤츠 영업을 하면서 차 번호판만 보고도 누
구 차인 줄 알 수 있을 정도였다.

　나는 고객층이 바뀌었다는 생각을 하고, 회장님이나 사
장님들을 만나 응대하는 법을 연습하기 시작했다. 주요 그
룹의 회장이나 사장을 응대하는 것도 보통 일이 아니지만,
애초에 만나기조차 힘들었다. 하지만, 안된다고 주저앉아
있을 수는 없었다.

✿ 씨를 뿌리려면 밭부터 갈아라

'맨 땅에 헤딩하는 것 같다.'란 말이 있다. 어떤 일을 처음 시작할 때 아무런 자료도 없고, 참고할만한 선례도 없을 때 이런 비유를 들곤 한다. 당시 나의 상황이 그랬다. 한국 땅에서 수입차 영업을 처음 시작하는 단계였으니까. 고객층도 다르고 접근방식도 달랐으며, 영업 전략이란 것도 없었다. 말 그대로 맨 땅에 헤딩하는 기분이었다. 맨 땅에 헤딩한다고 성과가 나오겠는가? 머리만 아플 뿐이다. 그러나 헤딩을 해야만 했다. 머리가 깨지더라도 헤딩을 해야만 땅이 부서져 부드러워지고, 비로소 씨를 뿌릴 수 있는 땅이 되지 않겠는가? 머리가 깨질 각오와 용기가 없다면 결코 새 밭을 가질 수 없다.

우리나라 최고층인 여의도 63빌딩을 방문했을 때의 일이다. 어디선가 63빌딩의 회장님이 벤츠의 경쟁차종으로 인식되는 BMW를 애용한다는 첩보를 입수했다. 나는 바로 63빌딩으로 향했다.

그런데, 나는 엘리베이터를 타 보지도 못하고 안내 여직원에게 제지당했다.

"어디로 안내해 드릴까요?"

"예, 회장님께 중요한 자료를 전달해 드리러 가는 참입니다."

"잠시 기다려 주세요."

여직원은 인터폰을 통해 비서실과 직접 통화했다. 아마도 이런 이유로 방문하는 사람들이 많은 듯했다.

"네, 1층 로비입니다. 한성자동차의 정만기 과장이 회장님께 자료를 전달하러 들르셨는데요."

여직원은 비서실과 몇 마디를 더 나누더니 수화기를 든 채로 나에게 다시 말을 전했다.

"비서실이 바쁘다며 나중에 다시 들러 달라십니다."

"그럴리가요? 나 좀 바꿔주시오."

나는 수화기를 건네받았다.

"아, 예. 비서실입니다. 죄송하지만, 오늘 회장님은 물론 비서실 전체가 무척 바쁩니다. 다음에 방문해 주세요."

나는 순간 기지를 발휘했다.

"아, 예. 감사합니다. 바로 올라가겠습니다."

비서실 직원의 말에 엉뚱한 대답을 해 놓고는 나는 안내 직원에게 활짝 웃으며 말했다.

"비서실장님이 올라오라 하십니다."

안내 직원은 어떤 행동을 취해야 할지 감이 오지 않았을 것이다. 어리둥절한 표정으로 그냥 안내할 수밖에 없었다. 나는 비서실에 벤츠에 대한 자료를 무사히 전달했다. 물론 이 방문이 계약으로 이어지지는 않았다. 하지만 나는 비서실에 나의 이름 석 자가 박힌 명함과 벤츠의 정보가 담겨있는 카탈로그를 전했다. 훗날 벤츠가 필요한 사람이 대한생명 관계자로부터 정보를 받아 나에게 연락했을지도 모르는 일이다.

당시 10대 그룹은 물론 웬만한 이름을 들어봤을 법한 그룹의 비서실은 모두 나의 방문을 받았다. 대부분 내쳐지기 일쑤였지만, 나는 그때 했던 '맨 땅의 헤딩'이 결코 헛고생이었다고 생각하지 않는다.

훗날 내가 판매한 벤츠는 유독 최상위 모델을 비롯한 고급모델이 많았다. 남들은 '운이 좋았다.'고 말할지 모르지만, 천만에. 나의 보이지 않는 투자와 노력의 결과다.

입사한 지 넉 달이 지나서 나는 처음으로 벤츠 판매 계약에 성공했다. 모든 첫 경험이 그렇듯, 그때의 감동은 지금도 잊혀지지 않는다.

1987년 연말쯤이었다고 기억된다. 우리나라 굴지

의 식품회사인 N사의 회장실에서 벤츠 최고급 모델인 560SEL(현재 S600L 모델의 전신) 판매 상담이 이뤄지고 있었다.

"벤츠가 좋은 차인건 압니다만……, 차량 가격이 너무 비싸군요. 기본 모델로 하고, 옵션은 최소로 하고 싶습니다."

나에게 있어 첫 벤츠 고객인 만큼 결코 실패하고 싶지 않았다. 기본 차량만이라도 파는 게 중요했다. 그러나 나는 다시 한 번 오기가 발동했다. 이 사람은 지금 벤츠의 진가를 알아보고 나에게 그것을 설명해 달라고 하는 것 아닌가?

결국 회장님은 차량 옵션에 대한 나의 설명을 다시 한 번 차례차례 듣고는 고개를 끄덕였다. 그리고 풀옵션으로 견적을 내니 2억 원 가까운 금액이 나왔다.

현대자동차 영업 당시 계약금이 대략 10만 원 정도였는데, 회장님이 주문한 차량의 계약금은 5천만 원이었다. 계약금을 달라는 말이 차마 떨어지지 않을 정도였다. 계약을 마치고 회사 정문을 나오면서 느꼈던 그 짜릿함과 쾌감은 지금도 잊혀지지 않는다.

현대자동차 영업할 때와는 영업환경이 많이 바뀌었기

때문에 응대해야 할 사람도 당연히 변했다. 그룹의 회장님이나 누가 들어도 알만한 유명인사를 만나서 계약을 하기 위해서는 이분들에 대한 선입견부터 없애야 한다.

만나기도 전부터 '이분이 과연 나를 만나줄까?'라는 마음을 가지고 있다면 이미 협상에서 나의 자리를 내주고 마는 것이다.

나는 상대방에게 차를 팔아 이익을 챙기려는 장사꾼이 아니라, 상대방에게 벤츠라는 세계적인 명품 브랜드를 소개하고, 그 가치를 알아봐주는 사람에게 자신의 부가가치를 크게 높일 수 있는 방법을 알려주기 위해 도움을 주는 사람이라는 인식을 가져야만 한다.

그룹 회장님들을 만나는 것을 결코 두려워해서는 안 된다. 이분들은 의외로 외롭고, 친절하기까지 하다. 어떤 회장님은 나와의 교분이 이어진 뒤 추후 서비스를 위해 가끔씩 들르면 '좀 더 있다 가라'며 옷깃을 잡기도 한다.

우리 회사는 각국 대사관에 외교관 면세차도 판매 했는데 특히 나이지리아 대사관 직원들과 친하게 지냈다.

혹여 영어에 도움이 될까 하여 수시로 만나서 식사와 술도 마시고 때로는 물고기를 잡으러 같이 가기도 했다. 주말

에는 가까운 유원지도 같이 다니면서 짧은 영어와 바디 랭
귀지를 하면서 즐겁게 지냈다.

　한 번은 우리 집에 초대해서 식사를 하는데 식탁이나 의
자가 없이 맨 방바닥에 밥상을 차려 놓으니 습관이 안 돼서
엉거주춤 앉아서 식사 했던 모습이 눈에 선하다.

1988년 나이지리아 독립기념일 행사에 초청받았을 때 대사관 담당자들과 함께

● 인맥은 저절로 형성되지 않는다

첫 계약 성공 이후 꾸준히 고객이 늘었다. 1988년 5월에는 한성자동차 총 월간 실적이 17대였는데, 영업부 전 직원 8명 중 나의 판매 실적이 11대에 이르렀다. 당시 나의 월급이 약 600만 원이었다. 믿기지가 않았다.

나의 도전은 내 생각보다 훨씬 더 이른 시간에 훨씬 더 큰 성과를 내고 있었다. 아내와 함께 월급명세서를 뿌듯해하며 액자에 걸어놓자는 농담을 할 정도였다. 내가 대한민국 벤츠 초대 영업왕 이라는 칭호를 받기 시작할 무렵이었다.

말 그대로 블루오션이었다. 위험이 매우 컸지만, 초기에 뛰어든 나의 시장은 경쟁자가 없었다. 내가 일구는 것이 나의 영역이었고, 나는 벤츠판매의 거의 유일무이한 전문가였다. 대한민국에 벤츠가 처음으로 진입하기 시작하면서 웬만한 사회적 명사들도 벤츠에 관심을 가지기 시작했다. 이 시기에 내가 만날 수 있는 분들은 그 전과는 비교가 안 될 만큼 유명인사들이 많았다.

우리나라 최고의 아나운서 김동건 님, 엘레지의 여왕 이미자 님을 고객으로 맞이할 때는 이것이 진정 현실인가 하는 생각까지 들 정도였다.

이분들을 고객으로 모시면서 나는 내가 할 수 있는 최선을 다했다. 지금까지 수많은 명사들을 고객으로 모셨지만, 이 시기 나에게 왔던 명사들은 더 특별한 기억으로 남는다.

나의 대응이 남달랐던지, 이분들과의 교제도 현재까지 계속 이어져왔다. 아마도 이미자 씨의 디너쇼는 우리나라에서 우리 부부가 제일 많이 봤을 것이다, 연말 디너쇼마다 제일 좋은 좌석의 표를 꼭 챙겨주시곤 한다.

김동건 아나운서님과는 호형호제하며 지낼 정도다. 자동차에 관심이 많았던 김동건 아나운서님이 내 고객이 되면서 만들어진 인연은 30여 년의 시간 동안 변함없는 관계가 되었다.

언젠가 우리 집에 모시고 간 적도 있다. 김동건 아나운서님과 함께 동네 슈퍼에 들렀더니, 슈퍼마켓 아주머니가 눈이 동그래져서는 TV와 김동건 아나운서님을 번갈아 쳐다보다가 손뼉을 치며 반가워하기도 했다.

집안 식구들은 어땠겠는가? TV에서나 보던 유명한 아나운서를 집에서 보다니. 김동건 아나운서님은 반가워하는 우리 가족들과 함께 사진도 찍고 차 한 잔을 나누기도 했다. 그만큼 소탈한 분이다.

나는 보통의 지인들에게도 마찬가지지만, 유명인사일수록 행여나 공인의 이미지에 누가 될까봐 특별한 청탁 같은 것은 일절 하지 않는다. 내가 2001년 담석증 수술로 보름 정도 입원한 적이 있었다. 나의 문병을 오신 자리에서 김동건 아나운서님은 자신에게 미리 연락하지 않았다며 서운해 하시기도 했다.

좋은 인연은 또 다른 인연을 낳기 마련이다. 유유상종이라지 않는가? 김동건 아나운서님과의 각별한 관계를 통해 알게 된 좋은 분들이 많다. 이분들이 나에게 고객이 되었든 그렇지 않았든 그건 중요하지 않다. 좋은 사람을 하나 사귀는 것은 차를 한 대 파는 것보다 훨씬 가치 있는 일이다. 고객과의 인연은 단지 차를 한 대 사고파는 관계에서 끝나지 않는다.

앞서 얘기한 고 이경수 박사님의 경우는 고객이라기보다 친형님 같은 분이자 인생의 멘토였다. 이경수 박사는 국내 소아과 전문의의 대부로 불리는 분으로, 가톨릭 성모병원에 근무하셨다. 그분이 심근경색으로 갑자기 돌아가셨을 때, 나는 한 달여를 정신을 차리지 못하고 우울감에 빠져있

었다. 아내는 나보고 정신과 치료를 받아보라고 권유할 정
도였다.

어떤 사람은 단순히 고객으로 만나기도 하고, 어떤 사람
은 인생의 중요한 멘토가 되기도 한다. 어떤 사람을 만나서
그 사람과 내가 특별한 인연이 되는 것은 시절인연이다.

아무리 좋은 사람일지라도 내가 어떤 시기에 만나는 지
가 중요하다. 어떤 사람에게는 호인이 나에게 악인이 되기
도 한다. 하지만 중요한 것은 내가 정말 진정성을 지니고
상대를 만나야만 그 사람이 나에게 '특별한' 사람이 된다는
점이다.

··· 기회는 사람의 마음을 키운다

나에게 1980년대는 잘 나가던 시절이었다. 어설픈 객기로 음식점을 한답시고 위기를 맞기도 했지만, 누구보다 열심히 살았고, 달콤한 성공의 열매도 맛봤다. 그런 나에게 성숙의 시간을 주려는 의미였을까.

1990년대 나는 인생의 쓰라린 비운을 맛봐야만 했다.

한성자동차에서 나름의 입지를 쌓아가고 있었지만, 현실에 안주하는 삶이 다시금 지루해지기 시작했다. 1991년 우연히 신문을 읽다 접한 대우국민차 딜러모집 공고는 나의 마음에 불을 질렀다.

1990년대에 들어서면서 본격적인 마이카 시대가 시작됐고, 때마침 대우국민차가 경형 승용차 티코를 출시하면서 누구나 한 대씩 차를 소유하는 시대가 성큼 다가온 듯 했다.

신문 공고를 본 것은 딜러모집 마감 이틀 전이었다. 까다로운 자격도 필요하지 않았다. 사업계획서와 간단한 이력만 제출하면 되는 조건이었기 때문에 나는 앞 뒤 잴 것 없이 바로 서울역 앞 대우센터로 달려갔다.

대우센터에는 수많은 사람들이 모여 있었다. 마침 대우국민차 직원이 있어 나는 구체적인 모집요건을 물어봤다. 그의 말로는 바로 나 같은 이력을 지닌 사람이 딱 맞는 조건이라며 12층 사무실로 안내했다.

구체적인 지원 조건을 전달 받은 뒤 나는 밑져야 본전이라는 생각으로 대우국민차 딜러사업권에 도전했다. 당시 국민차 사업에 대한 기대가 엄청났기 때문에 사람들은 딜러권을 따는 일은 경쟁이 엄청 심할 것이라고 수근대고 있었다. 만약 딜러권을 딸 수만 있다면 그 권리에 대한 프리미엄만 해도 엄청날 것이라고 말하는 이도 있었다.

하지만 나는 대우국민차와는 아무런 연관도 없는 사람이 아닌가? 만약 딜러권을 내준다 해도 이 정도 프리미엄이

걸린 사업이라면 퇴직한 대우맨들을 우선 챙겨 주리라 생각했다. 전국 180곳을 선정하는 데 약 5,000여 명이 지원했다니, 실제로는 그보다 훨씬 경쟁이 치열할 것이 뻔했다.

그런데 가망 없는 일이라 생각하면서도 도전한 그 일이 덜컥 성사되고 말았다. 비현실적으로 느껴진 경쟁을 내가 뚫은 것이었다. 막상 선정 통지를 받고나자 마음이 혼란스러웠다.

당시의 판단으로는 분명 '로또' 당첨처럼 큰 횡재를 한 것 같은데, 현재 잘 영위하고 있는 삶의 궤적을 바꾸어 사업을 시작한다는 것이 과연 옳은 일인지 판단이 잘 서지 않았다.

고심을 했지만 딱히 결론이 나질 않았다. 이전에 음식점을 차렸다가 곤란한 지경에 빠졌던 경험도 결정을 자꾸만 주저하게 만들었다. 남들은 그 어렵다는 딜러권을 따낸 내가 고심을 한다는 점을 이해하지 못했을 것이다.

나의 결론은 '도전해 보자'였다.

• 첫째, 음식점의 경우와는 다른 경우라는 생각이 들었다. 현대자동차 재직 시절의 음식점 개업은 아무런 직무연관성이 없는 경우였지만, 이번에는 내가 하고 있는 일의 연

장선상이었다. 그동안 현대자동차와 한성자동차에서 이뤄낸 나의 영업성과는 그런대로 자신감을 가지기에 충분했다.

　• 둘째, 나의 노하우를 아래 직원들에게 전수하면서 나의 팀컬러를 따르는 별개의 사업체를 운영해 보고 싶었다. 그동안은 조직에서 내가 소속되어 조직의 룰을 따르고, 나의 영업력을 나에게만 쏟아 부었지만, 이제는 다르다. 내가 일궈 온 성과를 공유하는 조직체를 만들어 자동차 영업의 새로운 지평을 열어보고 싶었다.

　꿈이 부풀어 올랐다.

1991년 대우국민차 개업당시

◉ 롤러코스터는 추락하기 위해 올라간다

마음을 정하고 나니 그 어떤 것도 장애가 되지 않았다. 아니, 장애를 만들 수 없었다. 어쩌면 결국 시련으로 귀결되는 이 경험은 나의 인생에 가장 큰 가르침이 되지 않았나 싶다. 만일 이 일을 통해 쓰라린 경험을 하지 못했다면, 나는 '나의 능력으로 안 되는 일이란 없다'는 자만심을 가지게 되었을 것이다.

대우국민차 관계자를 만나 판매지역을 확정하고 나자 우선 다가온 문제는 담보설정이었다. 나의 집 이래봤자 그다지 금액이 나가지 않는 소형아파트이니 처음부터 담보로는 부적합했다. 그렇다고 나부터도 서주기 싫은 보증을 남에게 부탁할만한 성격도 못 되었다. 나는 남에게 아쉬운 부탁을 하는 것을 병적으로 싫어하는 성미라 이전에도, 이후에도 그런 청탁을 해본 일이 없었다.

그런데, 마침 나갔던 친구 모임에서 오랜 친구 A가 선뜻 자신의 집을 담보로 사용하라고 하지 않는가? 그 친구 역시 넉넉한 편이 아니었다. 가진 것이라곤 그 아파트 하나인 처지를 나도 잘 알고 있었다. 나로서는 차마 받아들일 수 없는 제안이었다.

하지만, 당시 나는 왠지 모를 확신에 넘쳐있었다. 그런 열기에 들떠 있는 친구를 위해 자신의 전 재산을 내어준, 아니 나를 믿고 자신의 모든 것을 내어 준 그 친구의 마음은 지금도 고맙게 생각한다.

담보 문제가 해결되자 나머지는 일사천리였다. 10년 넘는 시간 동안 자동차 영업에 있어 나름대로 베테랑이 되어 있는 정만기가 아니었던가. 일은 곧바로 진행되어 1991년 6월, 영업직원 3명과 여직원 하나, 그리고 나까지 다섯 명이 시작한 영업소가 차려졌다.

사무실은 서울 중구 회현동에 마련했다. 전국에서 유일하게 전시장 없이 마련된 영업소였다. 부족한 자금 때문에 쇼룸을 마련하기가 어려웠다. 대우국민차 영업본부에서는 나의 이력을 보고 놓치기 싫었던지 전시장 없이 영업소를 시작하는 것을 허가해 주었다. 이 때문에 특혜시비까지 일었다.

나는 처음 한성자동차에서 영업을 시작할 때가 떠올랐다. 나의 직원들이 그때의 나처럼 뛰어준다면 나는 우리나라를 좌지우지할 자동차 딜러사를 만들 수 있을 것 같았다. 떨리는 마음으로 개업식을 열었다. 평소 절친하게 지내던 많은 사람들이 격려의 말을 아끼지 않았다.

영업소를 개업하고, 나는 한층 고무된 마음으로 열심히 뛰었다. 이전에 현대자동차와 한성자동차에서 쌓았던 인맥은 이 작은 국민차를 파는 데도 큰 영향을 미쳤다. 벤츠를 판 고객한테 어떻게 티코와 다마스를 팔겠는가? 하지만, 사람은 정해진 길로만 가는 것이 아니다.

본격적으로 영업을 시작하고 난 뒤 얼마 안 되어 우리 영업직원이 서울 구로동의 내복 생산 업체에 다마스 영업을 하러 간 일이 있었다. 총 15대가 필요한 사업장이었는데, 이미 많은 딜러사들이 영업을 위한 줄서기를 하고 있던 터였다. 게다가 우리 쪽은 직접적인 영업 관할지도 아닌데 찾아왔다며 면전에서 거절당하다시피 한 상태였다.

영업직원에게 자초지종을 들은 후에 나는 과거 이 회사 회장님한테 벤츠를 판 기억을 떠올렸다. 하지만, 회장님에게 직접 부탁하지는 않았다.

마침 나는 회장님 차를 관리하는 기사와도 친분이 두터웠다. 차량을 관리하는 것은 회장님이 아니라 기사였기 때문에 항상 차량 A/S를 위한 연락을 취해왔던 것이다. 이분께 넌지시 부탁을 드려보았다.

그분이 평소에 나를 좋게 보아온 덕이었을 것이다. 불과

20분도 되지 않아 우리 영업직원을 면전에서 돌려세웠던 회사 총무부장이 직접 전화를 걸어와 구매의사를 밝혔다.

훗날 알고 보니 그 기사가 회장님한테는 알리지 않고, 총무부장한테 전화를 했던 모양이다. 총무부장에게 전하기를, 자신이 회장님 차를 관리하고 있는데, 회장님이 전에 정만기로부터 벤츠를 구매하면서 아주 좋은 서비스를 받았다며 회장님께서 정만기 씨가 운영하는 영업소에서 구매하도록 협조하라고 지시하셨다는 내용이었단다.

벤츠의 구매결정자는 회장님이다. 그러나 차량을 유지하고, 차량의 컨디션을 가장 잘 아는 사람, 그리고 차량에 대한 정보를 조언해 주는 것은 기사의 영역이다. 만일 회장님한테만 나의 정성이 미쳤다면, 훗날 나는 다마스 영업을 하지 못했을 것이다.

계명구도(鷄鳴狗盜)라는 춘추전국시대의 고사가 있다. 사기(史記)의 맹상군(孟嘗君)편에 실려 있는 이야기로, 직역하자면 '닭울음소리와 개의 훔치는 기술'이라는 뜻이다. 제(齊)나라의 맹상군은 갖가지 재주 있는 식객이 많았다. 큰 재주를 지닌 자, 중간 재주를 지닌 자, 하찮은 재주를 지닌 자로 분류하여 그에 걸맞는 대우를 해주고 있었다. 그런데,

그의 식객 중에는 개처럼 훔치기를 잘하는 자와 닭 울음소리를 잘 흉내내는 자까지 있었다. 사람들은 뭐 그런 재주를 지닌 자까지 거두느냐고 맹상군에게 핀잔을 주었지만, 맹상군은 아랑곳하지 않았다.

어느 날 이웃 진(秦)나라 소왕(昭王)이 맹상군을 중용하려 불러들였다. 그러나 많은 신하들의 반대로 좌절되었다. 게다가 맹상군을 쓰지 않으려거든 죽여야 한다는 간언까지 나와 갑자기 목숨이 위태로운 지경에 빠진다.

맹상군은 자신을 죽이려 한다는 음모를 알아차렸다. 소왕의 애첩 총희를 달래 나가게 해달라고 부탁하니 애첩은 호백구를 요구했다. 그러나 호백구는 이미 진 소왕에게 바친 뒤였다.

이때 개 흉내로 도둑질에 능한 사람이 "신이 능히 호백구를 얻어 오겠습니다."라고 말했다. 밤에 개 흉내를 내어 진나라 궁의 창고로 들어가서, 바쳤던 호백구를 취해서 그녀에게 주니 그녀의 간청으로 석방되었다.

그곳을 빠져나와 밤중에 함곡관에 이르니 새벽이 되어 닭이 울어야 객을 내보낸다는 관법에 걸려 관을 벗어나질 못하고 있었다. 진나라에서 보낸 자객들이 뒤를 쫓는 급박한 상황이었다.

이때 맹상군의 식객 중에 닭 울음소리를 잘 내는 자가 '꼬끼오' 하고 닭 울음소리를 내니, 관내의 모든 닭이 따라 울어 관문이 열렸다. 맹상군의 일행은 가슴을 쓸어내렸고, 국경을 무사히 통과하여 모국으로 돌아올 수 있었다.

맹상군의 수많은 식객 중에서 하찮은 재주를 지녔다고 생각되는 두 사람으로 인해 맹상군은 목숨을 건질 수 있었다. 수많은 정치가와 무사, 책략가가 있었지만 정작 맹상군의 목숨을 구한 것은 보잘 것 없는 식객 두 사람이었던 것이다.

만약 내가 벤츠 영업을 하면서 구매 결정권자인 회장에게만 나의 정성이 미쳤다면, 나는 훗날 다마스 15대라는 판매 실적을 올리지 못했을 것이다. 사람을 대하는 데 훗날 어떤 사람이 나의 삶에 도움을 줄 수 있는지는 알 수 없다. 모든 이에게 최선을 다하고, 진정한 마음을 보이는 일이야말로 나의 삶을 보장해 주는 가장 좋은 길이다.

가장 큰 계약을 따냈던 S그룹 A/S차량 영업 건도 생각이 난다. 국내 굴지의 기업인 S그룹에서 전국적인 A/S 망을 구축하고자 업무차량을 구매키로 결정, 총 112대가 필요하다는 정보를 입수했다. 이미 많은 딜러사가 접촉을 시도하고 있었다.

다행히도 S그룹 구매 담당자가 예전에 현대자동차 근무할 때부터 아는 이였다. 규모가 큰 건이었기 때문에 치열한 경쟁이 있을 수밖에 없었다.

나와 우리 직원 전체가 매달려 이 계약을 따내기 위해 정말 많은 노력을 기울였다. 그리고 마침내 긍정적인 답변을 이끌어냈다. 거의 구매가 이뤄져 가는데, 돌연 갑자기 전량 구매는 어렵다는 입장을 밝혀왔다. S그룹의 방침 상 모든 입찰은 복수로 거래업체가 유지돼야 한다는 논리였다.

납득하기 힘들었다. 그렇다면 처음부터 그 조건으로 이야기가 되었어야 했다. 내 느낌으로는 뭔가 유력인사의 청탁이 있지 않았을까 싶었다.

나는 짐짓 튕겨봤다. 그러자 S그룹 쪽에서는 우리 쪽에 100대, 나머지 12대는 다른 딜러에게 주는 것이 어떠냐는 제안을 해왔다. 어지간하면 그 조건에 만족 했을 텐데, 또다시 오기가 생겼다. 나는 단 한 대도 협상안에서 물러설 수 없다고 맞섰다.

그 담당자는 어이없다는 표정으로 나를 돌려세웠는데, 결국 다음 날 전량 구매의사를 밝히며 퉁명스러운 목소리로 계약하러 들어오라고 연락을 해왔다.

그때의 쾌감이란! 도박을 좋아하는 편은 아니지만, 승부

사적 기질로 끝까지 물고 늘어져 마침내 상대의 패를 내려놓게 할 때의 기분이 이런 것이란 생각이 들었다.

그런데, 문제는 어이없게도 다른 쪽에서 벌어졌다. 차를 잘 팔아줘서 고맙다고 감사하고, 독려해야 할 대우국민차 본부에서 오히려 제동을 걸고 들어왔다. 112대란 수요는 너무 크니 본사 특판팀에 넘기고 S그룹 담당자를 인계하란 내용을 통보해온 것이다.

나는 너무 어이가 없고 기가 막혔다. 본사에서 딜러사가 다 차려놓은 밥상을 날로 먹겠다는 심보가 아닌가?

나는 본사에 정면으로 대항했다. S그룹 구매 담당자에게 신신당부를 하고 절대 특판팀의 요청에 넘어가지 말라고 부탁했다. 아니나 다를까 대우국민차 특판팀이 S그룹에 들어와 본사와 직접 거래를 해야만 그 많은 물량을 원활하게 공급할 수 있다고 설득하더란다. 기가 막힐 노릇이었다.

이에 그 담당자는 나와의 유대관계와 함께 우리가 제시한 여러 조건들을 들며 대우국민차 본사 특판팀의 제안을 거절했다.

"우리는 정만기 씨와의 관계, 그리고 그가 제시한 여러 조건이 우리가 필요로 하는 것에 맞아 떨어졌기 때문에 계약을 추진한 것입니다. 대우국민차의 제품 경쟁력보다도 오히려 정만기 사장의 영업력에 고무된 바가 크지요. 정 출고가 어렵다면 기아 프라이드로 차종을 교체하겠습니다."

나중에 전해 듣게 된 그의 응대였다. 정말로 고마운 사람이었다.

나는 이 담당자에게 어떤 개인적인 로비도 하지 않았다. 다만 S그룹 담당자는 어떤 계약이 회사에 더 도움이 되는지를 냉철하게 판단한 것이다. 이런 직원의 마인드가 있었기에 S그룹이 우리나라를 넘어 세계적인 기업으로 도약할 수 있었지 않았겠나 하는 생각이 든다. 그리고 반대로 이런 일처리를 하였던 대우국민차에게는 많은 아쉬움이 남는다.

결국 특판팀은 물러났고, 나는 112대를 모두 S그룹에 판매할 수 있었다. 대단한 실적이었다. 대우국민차에서도 정만기 팀은 최고를 향해 달려가고 있었다.

그러나 나는 이번 건은 물론 곳곳에서 벌어지는 대우국민차의 영업 방침에 큰 실망감을 느끼고 있었다. 이는 결코 상생의 길이 아니었다. 게다가 더욱 실망스러운 것은 사업 시작 1년도 안 되어서 딜러사 수를 크게 늘린다는 소문이 돌았다는 점이다. 이러면 그 어려운 경쟁을 뚫고 딜러 영업권을 따낸 게 무슨 소용이 있단 말인가?

대우국민차 측에서는 딜러사는 상관없이 자신들의 차만

잘 팔면 된다는 마인드인 것이 분명했다.

🌀 추락하는 속도는 항상 예상보다 빠르다

소문대로 딜러사의 숫자는 크게 늘어나고 있었다. 나중에 알게 된 사실이지만, 2년 후 내가 사업을 접을 때에는 300여 개에 이르는 딜러사들이 서로 출혈경쟁을 하고 있었다. 영업환경이 크게 악화될 수밖에 없었다. 급기야 제 살 깎아먹기 식의 경쟁이 벌어졌다.

망하지 않고 살아남기 위해 손해를 보며 물건을 팔아야 하는 상황에 이르자 폐업에 이르는 딜러사의 숫자도 크게 늘어났다. 이런 상황에서 냉정하게 판단하기란 참으로 힘들다.

훗날에 생각해 보면 조금이라도 일찍 사업을 접는 것이 옳은 판단이었다. 그러나 그 당시에는 어떻게든 경쟁에서 살아남으면 그 다음부터는 안정적인 운영을 할 수 있을 것이라고 판단했다.

대우국민차의 일방적인 운영에 실망은 했지만, 나는 나의 자존심을 걸고 보다 공격적인 투자로 나갔다. 자동차 영업에 전시장이 매우 필요하다는 걸 절감하기도 했고, 마침 내가 살고 있는 지역 인근에 신축한 건물이 있었다. 1992년 지역을 옮겨 상계동에 전시장을 꾸미고, 직원을 8명으로 늘렸다. 나름 대규모의 투자를 감행한 것이다.

그러나 상황은 나아지지 않았다. 오히려 적자폭은 눈덩이처럼 불어났다. 회사가 어려우면 모두가 한 마음으로 나처럼 열심히 뛰어 주리라 기대했지만, 그건 나만의 생각이었다. 그런 직원을 만나기란 참으로 어려운 일이란 걸, 훗날 깨달았다.

어떤 달은 총 21대 판매한 달에 나를 제외한 8명의 영업직원이 이룬 성과는 고작 2대였다. 마진을 전부 쏟아 부어도 영업직원의 기본급과 기본 경비를 댈 수가 없었다.

은행 융자는 나날이 불어가고, 도무지 대책이 없었다. 결국 주변에서 사채를 끌어댈 지경에 이르자 더는 버틸 수가 없었다. 결국 여직원 1명만을 남겨놓고 다른 직원을 모두 내보낼 수밖에 없었다.

끝까지 버티다가 결국 방법이 없어 직원들을 내보내기는 했지만, 그만두는 직원에 대한 책임은 잊지 않았다. 그들이 이직할 직장을 알아봐 주었고, 그들은 새로운 직장에서 잘 안착해 근무하다가 훗날 다시 나와 함께 일하기도 했다.

마지막까지 버티다 사업을 접는 것은 가장 좋지 않은 경우다. 나는 결국 그 지경까지 몰리게 되었다. 홀로 전시장에 앉아 소주잔을 기울이면서 회한에 잠기는 날이 많아졌다. 하루는 건물주가 그런 모습을 보고는 들어와 넌지시 말을 건네고 갔다.

"정 사장, 요즘 많이 힘들어 보이는구려. 내가 뭐 도울 일 없겠소? 내 아들도 사업을 하다가 실패하는 바람에 많이 힘들어했소. 나도 그 마음 잘 알지…….

나는 아무 말도 하지 않았다. 건물주의 아들에게는 건물을 가진 아버지가 있었지만, 나에게는 기댈만한 경제력을 지닌 일가붙이가 없었다.

"내가 따로 해줄 수 있는 것은 없고, 혹시라도 너무 힘들어서 정리하고 싶다면 페널티 없이 보증금은 빼 드리리다. 필요하다면 얘기 하세요."

나는 정말로 울고 싶었다. 건물주는 물론 호의로 나에게 배려를 한 것이지만, 나에게는 '너는 이제 끝났어.'라는 말로밖에 들리지 않았다. 인정하기 싫은 것은 둘째 치고 이

상황을 유지할 수 없었다. 끝이 너무 뻔했으니까. 결국 폐업을 결정했다.

하나 남았던 여직원은 울먹이며 퇴직금을 받지 않겠다고 했지만, 나는 반 강제로 3년 치의 퇴직금을 정산해 핸드백에 넣어주었다. 나는 비록 망했지만, 뒤처리는 깔끔하게 하고 싶었다. 울먹이며 떠난 여직원은 이듬해 고향에서 갓 짰다며 참기름과 들기름을 가지고 나를 찾아와 다시금 콧날을 시큰하게 만들었던 기억이 난다.

폐업을 결정하기에도 용기가 필요했지만, 그 후의 처리는 나를 더욱 괴롭게 만들었다. 먼저 사무집기를 처분하려고 알아봤는데, 말도 되지 않는 가격으로 사람을 어이없게 만들었다. 20만 원 넘게 들여 구입한 책상은 5천 원. 기가 찰 노릇이었다.

어차피 망해서 나가는 사람이니까 그거라도 받으려면 받으라는 식이었다. 세상은 냉정했다. 쓰러진 자에게 가혹했다. 다른 사람을 알아보다가 마침 자동차 영업소를 새로 시작한다는 사람이 있어 제값을 받겠다 싶어 이야기를 해보았다. 그러나 결과는 마찬가지였다. 총 2,200만 원 들여 구입한 집기를 모두 사들이는데 제안한 가격이 100만 원. 나는 허탈해 화도 나지 않았다.

"그 돈이라면 차라리 내가 도끼로 다 때려 부수고 말겠소."

이튿날 그 사람에게서 다시 전화가 왔다.

"꼭 필요한 집기들인데……. 저한테 넘기세요. 150만 원 드리겠습니다."

나는 결국 허탈하게 웃으며 150만 원을 받았다. 그리고 그 돈을 사흘 만에 다 탕진하고 말았다. 동네 단란주점에 들어가 마음대로 돈을 뿌리고 다녔다. 노래 한 곡 부르는 데 밴드에게 반주하라며 2만 원씩 집어주기도 했고, 주변 테이블에 호기롭게 술을 사기도 했다. 기분 내키는 대로 돈을 뿌리고 다녔다. 만약 300만 원을 받았다면 며칠 더 걸렸을 뿐이었을 것이다.

1993년 5월이었다.

❀ 절망, 누구와도 함께 할 수 없다

나는 그때 깨달았다. 절망은 누구와도 함께 할 수 없는 것이라고.

　나의 주변에는 누구보다 사랑하는 아내와, 아들딸, 그리고 가족들이 있었다. 나를 진정으로 염려해 주는 친구들과 동료들도 많았다. 그들은 어떻게든 나를 돕고자 했다. 그러나 어찌 된 일인지 한 번 나락에 빠진 나의 영혼은 점점 더 깊은 수렁으로 빠져 들어갔다. 수많은 사람들이 팔을 내밀어 나를 끌어올리려했는데도 불구하고, 나는 그 도움을 하나도 붙잡지 못했다.

　어쩌면 그들은 야속하기도 했을 것이다. 훗날 내가 번쩍 정신이 들어 가까스로 단단한 땅에 발을 딛었을 때도 나는 내가 어떻게 그 시절을 헤쳐 나왔는지 기억나지 않는다.

　정말이지 순수하게 절망해 본 때였다.

　사업을 접고 나니 아무 것도 하고 싶은 것이 없었고, 할 수 있는 것도 없었다. 집에 멍하니 있기도 멋쩍었다. 쳐다보기도 싫은 낡은 티코 한 대 끌고 무작정 집을 나섰다.

　아내한테는 머리 좀 식히고 온다고 하고 나섰지만, 아내는 몹시도 불안했을 것이다.

　정처 없이 떠나서 처음 도착한 곳은 춘천이었다. 아무 내색 않고 고교 동창을 만나 술을 한 잔 기울였다. 다음 날은 소양강으로 차를 몰았다. 가다보니 청평사에 닿았다.

마침 휴일이라 많은 참배객들이 있었는데, 문득 오기가 일었다. 아무 준비도 없이 무작정 삼천 배를 하기 시작했다.

나의 오만함을 깨우려는 부처님의 가르침이었을까. 나는 가까스로 700배를 채우고 쓰러졌다.

아무나 준비 없이 할 수 있는 것이 아닌데도 나는 내가 무조건 할 수 있다고 믿고, 시작했다. 마치 나의 지난 모습 같아 실소가 나왔다. 대웅전 입구에는 어느 늙은 보살이 물끄러미 나를 내려다보고 있었다.

억지로 몸을 일으켜 근처 계곡의 모래밭에 쓰러져 두 세 시간 잠을 잤던 것 같다.

해는 뉘엿뉘엿 사위어가고, 나는 걸어서 선창가로 나갔다. 마지막 배를 타고 강을 건넌 뒤 다시 차를 몰고 설악산 쪽으로 방향을 정해 달렸다. 가는 동안 해는 지고, 인적이 드문 국도를 달리며 나는 무서웠다.

'이대로 영원히 끝도 보이지 않는 어둠을 달리게 되는 것은 아닐까.'

나는 인적 드문 국도의 가로등 아래 차를 세우고 공중

전화로 아내에게 전화를 걸었다. 두려웠다. 전화할 곳은 아내밖에 없었다. 아내는 갑작스런 나의 전화에 놀랐고, 아무 말도 없이 울먹이는 나의 목소리를 듣고는 함께 울었다.

우리는 아무 말도 하지 않은 채 그렇게 수화기만 붙잡고 터져 나오는 울음을 억지로 막아내고 있었다.

간신히 감정을 추슬러 도착한 곳은 오색약수터. 낡은 여관에 숙소를 정하고 나니 할 일이 없었다. 술밖에 마음을 달랠 것이 없었다. 혼자 식당에 앉아 술잔을 기울이는 사람을 보고 아주머니들은 조심스럽게 나에게 물어왔지만, 나는 혼자서 술만 마셨다.

다음 날 나는 속초 대포항에 서 있었다. 바다를 보며 다시 술이었다. 다시 비룡폭포에 도착해도 마음은 가라앉지 않았고, 다시 술을 청했다. 결국 집을 떠나 한 일이 없었다.

할 일도 없었다. 술을 마시며 기억을 잊었고, 술을 마시며 마음을 삭혔다. 그렇게 2박3일 동안 술만 마시다 집에 도착했다. 아내는 나에게 아무것도 묻지 않은 채 여전히 나를 반갑게 맞아주었다. 그러나 해결되는 것은 아무것도 없었다.

그 날 이후 나는 술과 담배에 의지해 살았다. 아무런 희망도 없었고, 상황을 나아지게 하려는 의지도 없었다. 말 그대로 그냥 모든 것으로부터 떠나 순수하게 절망해 본 것은 내 인생 전체에서 그때뿐이었다.

나의 가족은 그 모습을 보며 마음이 어떠했겠는가? 아내는 아무렇지도 않은 척 했지만, 누구보다 불안했을 것이다. 사춘기에 접어든 아이들도 마음고생이 심했을 것이다.

하지만, 그때 당시의 나는 그런 것들에 눈을 돌릴 여유가 없었다. 마음속에 무언가가 잔뜩 짓누르고 있어서 숨을 쉬기도 힘들었다. 그때 당시 아마도 우리 가족들마저 나에게 비난을 퍼붓거나 실망하는 내색을 했더라면 아마도 나는 영원히 그 수렁에서 빠져나오지 못했을 것이다.

훗날 내가 다시 일어설 수 있었던 것은 내가 온전히 절망할 수 있는 시간을 준 가족들 덕분이다.

매일같이 술과 담배에 찌들어 사는 나날이 계속되자 가계가 어려워진 것은 당연했다.

어느 날인가 아내는 나에게 조심스럽게 물었다.

"친정오빠한테 돈을 좀 빌렸으면 해요."

나는 불같이 화를 내었다.

"지금까지 밥 굶었소? 내가 죽거들랑 가서 돈 꾸시오!"

옹졸하기 짝이 없는 가장의 위세. 지금 생각하면 얼굴이 화끈거리지만, 어쩌면 가족이니까 할 수 있는 짓이 아니었던가 싶다. 그 어려운 시기에도 나는 주변에 결코 손을 벌리지 않았다. 차라리 죽었으면 죽었지, 나의 실패한 모습을 주변 사람들이 알고 그들로부터 도움을 받느니보다 차라리 깨끗하게 인생을 하직하는 것이 낫다고 생각했다. 어찌 보면 결벽과도 같은 이런 행태는 주변 사람들을 서운하게도 만들었고, 때로는 내가 살아가면서 사람들과 깔끔한 관계를 유지하게 하는 좋은 삶의 지침이 되어주기도 했다.

어쨌든 거의 은둔에 가까운 삶을 유지했기 때문에 나의 실패도 어느 날 불쑥 찾아온 후배에 의해 주변에 알려졌다.

그 뒤에도 불쑥불쑥 마음 내키는 대로 나는 떠났다. 어느 날은 그냥 답답해 집 밖에 나섰다가 택시를 타고 수원까지 내려가 새벽 5시에 친구를 깨워 술을 마시고는 하루 종일 그 친구를 따라다녔던 기억도 있다.

그리곤 그 길로 기차를 잡아타고 남원으로 향했다. 목적지가 있는 것도 아니었으니 무작정 발길 닿고, 생각이 떠오르는 대로 행선지를 정했다.

남원역에 내려 하릴없이 시가지를 떠돌다가 또 다시 술을 마셨다. 낮부터 마신 술의 취기는 오르는데 날은 저물어가고 있었다. 가야할 곳도, 오라는 곳도 없었다. 아는 사람 하나도 없고, 내가 이곳에 있다는 것을 아는 사람도 없었다.

내가 어떤 상황에 처해있고, 나를 진심으로 걱정해 주는 사람도 주변에 많았지만, 가장 가까운 가족조차도 나의 사무치는 외로움을 달래줄 수 없었다.

낯선 곳에 나 혼자 있다는 느낌이 견디기 힘들었다. 나는 다시 기차역으로 들어가 여수행 기차에 몸을 실었다. 어느덧 주위는 어두워지고, 차창 밖으로 보이는 것은 아무것도 없었다. 차창에는 웬 초췌한 낯선 사내뿐이었다. 그는 잔뜩 일그러진 얼굴로 나를 쳐다보고 있었다.

기차는 한참을 달려 여수 바닷가에 이르렀다. 10시가 넘은 시각이었다. 이 먼 길을 달려왔건만, 허무함은 결코 떨어지지 않고 끝까지 끈질기게 달라붙었다.

'나는 무엇을 하러 이 먼 바닷가까지 찾아 왔던가?'

아무 대답도 없고, 앞으로도 알 길 없을 것 같은 물음을 던지며 나는 바닷가로 향했다. 행선지도 없이 무작정 바닷가로 가자 말하는 승객을 태운 택시 기사 역시 찜찜한 기분은 마찬가지였을 것이다.

택시기사는 향일암 근처로 나를 데려다 주었다. 밤바다는 역시 아무 것도 보이지 않았다. 어디를 가도, 무엇을 해도 보이지 않았고, 할 것이 없었다. 허름한 민박을 잡아 아침 식사비용까지 치르고 나니, 이젠 수중에 가진 돈이 없었다.

다음 날 아침, 눈을 떴지만 막막한 심정은 조금도 나아지질 않았다. 게다가 가진 돈마저 탈탈 떨어지니 이제는 진짜 마지막이다 싶었다.

죽고 싶었다. 그러나 죽는 것 역시 만만치 않았다. 술의 힘이라도 빌려야 했다. 마지막으로 아름다운 바다를 보며 죽고 싶었다. 마침 절친했던 친구도 떠올랐다. 모 은행에 근무하는 K였다.

여수 시내를 다 뒤져 그 친구가 근무하는 은행 여수지점을 찾아냈다. 그리고는 여수 지점에서 친구가 근무하는 성남지점으로 전화를 걸었다. 그놈의 꾀는 죽는 순간에도 유용하게 쓰였다. 전화 걸 돈도 없는 놈이 은행 지점에서 전화를 걸 생각을 다 했으니 말이다.

자초지종도 모른 채 친구가 보내준 돈은 내가 요청한 금액보다 세배나 많은 삼십만 원. 갑자기 세상에 둘도 없는 부자가 된 기분이었다.

소주를 마셨다. 그리고 술집을 나와 소주 5병을 사서는 주머니에 찔러 넣고 오동도 다리 중간에 서서 소주를 비워내기 시작했다. 그러나 술을 마실수록 더 정신은 명료해졌다.

도저히 다리 위에서 뛰어 내릴 마음이 생기질 않았다. 구두만 벗어놓은 채로 나는 한참 동안을 다리 위에 서 있었다.

오동도에 흐드러지게 피어있던 동백 때문이었을까. 모가지 부러지듯 꽃 대궁이 툭 툭 떨어지던 그 광경이 너무 섬뜩해 나는 차마 뛰어내리지 못했던 것일까.

오동도 다리를 두 번이나 건너갔다 오면서 마음을 다잡았지만, 나는 눈물만을 남긴 채 끝내 뛰어내리지 못했다.

❀ 그래도 나에게는 돌아갈, 지켜야 할 가족이 있다

전주를 경유해 서울에 도착하니 4박5일만이었다. 아무 통보도 없이 무작정 나선 길이었으니 가족들의 걱정이 이만저만이 아니었을 터. 며칠 동안 면도도 못한 채 돌아다녔으니 사람들 눈을 마주치기도 힘들었다. 혹시라도 누가 날 알아볼까 싶어 마치 노숙자처럼 머리를 푹 숙이고 전철을 탔다. 죽지도 못한 실패자는 마침내 집 근처 노원역에 다다랐다.

도저히 집에 들어갈 용기가 나지 않았다. 집에 전화를

걸었더니 아내가 받았다. 아내는 왈칵 울음을 쏟으며 다짜고짜 나 있는 곳을 대라며 추궁했다. 집안 식구들의 걱정은 어떠했을까. 실종신고까지 낸 식구들의 며칠은 아마도 애간장이 다 녹아내렸을 것이다. 곧이어 아내가 나를 마중 나왔다. 전화와 달리 환히 웃는 얼굴이었다. 조금 안심이 되었다.

아내와 난 그날 집 앞 포장마차에서 늦도록 술잔을 기울였다. 세상에서 가장 편안한 곳은 역시 아내의 품이었다. 세상에서 유일하게 기댈 수 있는 곳 역시 아내의 품이었다. 어머니의 걱정은 또 어떠했을까. 나는 4남1녀 중 막내아들이지만 어머니 아버지를 모두 내 아내가 모시다가 임종을 지켰다.

세상에 이런 아내가 또 있을까? 17년 동안 아내는 새벽 5시에 홀로 일어나 나를 위한 새벽기도를 드린다. 하루도 빠짐없이 한구석 스탠드 불빛에 의지해 나를 위해 기도하는 아내의 모습을 보면 마음이 뭉클해지곤 했다.

집에는 돌아왔지만, 술에 의지한 생활은 계속 됐다. 내 친구 녀석 중 '딸기'라는 별명을 가진 친구의 집은 1년 내내 술판과 화투가 벌어지는 곳이다. 나는 100일 가까이 그 집을 출입하며 노름에는 끼지도 않은 채 고리 뜯는 술만 축내다 새벽녘에 피곤한 몸을 이끌고 귀가하곤 했다.

목숨도 끊지 못하고, 정신 차려 살아가지도 못하는, 이도 저도 아닌 삶은 말 그대로 폐인이었다. 살아있다고 해도 살아있다고 볼 수 없는.

세상에서 가장 비극적인 것은 '죽음'이 아니다. 죽음은 하나의 완결된 상황이다. 그러나 당시 나의 삶은 살아있다고 볼 수도 없고, 그렇다고 죽었다고 볼 수도 없는 그런 어정쩡한 상태였다. 이런 남편을, 아들을, 아버지를 곁에 두고 보았을 가족의 고통은 어떠했을까.

그런 나의 방황도 끝날 때가 되었을까. 나는 어느 날 여느 때처럼 새벽 첫 차를 타고 귀가하는 동안 차창에 비친 나의 모습을 보았다.

밤새 초췌해진 얼굴, 되는대로 자라버린 수염과 헝클어진 머리. 멍하니 초점 잃은 두 눈. 새벽 첫차를 타고 일터로 향하는 수많은 사람들의 얼굴에는 피곤함이 묻어있을지언정 그들의 어깨에는 희망의 힘이 실려 있었다. 그러나 나의 어깨는 어떠했던가. 당시 나의 상태로는 누군가 와서 살짝 밀어버리기만 해도 아무런 저항도 하지 못한 채 무너져버렸을 것이다.

갑자기 짙은 회한이 밀려오더니 몸이 떨려왔다. 이렇게 무너질 수는 없었다. 나는 몰라도 내가 꾸려놓은 가정은 마땅히 책임을 져야 했다. 나는 당장 막노동이라도 하리라는 결심으로 눈에 힘을 주었다.

✽ 초심으로 돌아가다

여기저기 수소문한 끝에 최대한 빨리 할 수 있는 일을 찾아보았다. 마침 지인의 소개로 알게 된 건강식품 영업회사에서 연락이 왔다. 나는 새로운 일을 시작했고, 새로운 마음으로 출근하게 되었다.

마음을 다잡고 출근을 하기는 했지만, 막상 출근하고 보니 한숨만 나왔다. 건강식품 영업일은 내가 생각하던 일이 아니었다. 전국의 수많은 단체에 안내문을 보내고, 그들을 무료관광 시켜주면서 관광객들을 대상으로 건강식품을 판매하는 일이었다.

우리나라에 그렇게 단체가 많은 줄은 그때 처음 알았다. 전국 교장, 교감 선생님들의 모임인 '삼락회', 철도업 종사자들의 모임인 '철우회', 월남전에 참전했던 군인들의 모임 '월남 참전회'……. 수많은 단체를 접하면서 세상엔 정말 다양한 사람들이 존재하는구나, 라는 생각도 했던 듯싶다.

요즘엔 이런 영업 방식이 거의 자취를 감췄다. 건강에 도움이 되지 않는 제품을 고가에 판매한다고 해서 논란이 되고, 뉴스에 소개가 되면서부터다. 하지만 그때만 해도 이런 종류의 영업은 거의 처음 접하는 것이었고, 그래도 제대로 된 제품을 판매했었다.

어쨌든 기분이 좋지 않은 것은 사실이었다. 불법은 아니라 해도 보따리 장사처럼 관광버스에 올라타 아주머니들 비위를 맞춰주면서 약장사라니. 머릿속엔 만감이 교차했다.

하지만 어쩔 수 없었다. 나는 당시 찬밥 더운밥을 가릴 처지가 아니었다. 자룡의 창을 백정에 쥐어준다 해도 고기는 잘 썰어야만 했다.

나는 다시 초심으로 돌아가 열심히 일했다. 나름의 꾀와 성실성으로 이곳에서도 금세 자리를 잡을 수 있었다. 당시 묵묵히 나를 기다려 준 R사장은 나중에 나의 수완을 알아보고

독립 영업조직을 꾸려보지 않겠냐는 제안을 해올 정도였다.

아무리 하찮아 보이는 일일지라도 최선을 다해야 하고 남다른 아이디어로 승부해야만 경쟁력을 가질 수 있다.

건강식품 영업의 가장 큰 포인트는 회원들이 얼마나 관광에 만족을 느끼느냐에 따라 좌우된다. 기분이 좋아야만 고가의 제품을 살 마음도 생기는 것이다.

당일치기 여행의 교통편 뿐 아니라 식사도 제공했기 때문에 휴게소와 식당을 들를 때마다 시간 정체가 가장 큰 골칫거리였다.

식당의 좌석은 40석뿐인데, 관광버스 석 대가 한꺼번에 들이닥치면 수용한계를 넘어서게 된다. 아무리 공짜 여행이라도 배를 곯게 하면 누가 기분이 좋겠는가?

이미 식당에 차가 한 대 도착해 있다면, 둘째와 셋째 차는 인근 휴게소를 한 번 더 들르게 해야 한다. 일부러 인원 파악도 한 번씩 더하고, 즉석에서 경품을 걸고 노래자랑도 시킨다. 어쨌든 손님들이 그 하루를 정말 즐겁게 보낼 수 있도록 최선을 다했다.

이 일에도 나의 인맥은 큰 도움이 됐다. 전국적인 단체 DB가 필요했는데, 마침 지인 중에 전화번호부 공사에 근무하는 분이 있었다. 나는 그 형님의 도움으로 전국의 모든 전화번호부뿐 아니라 업종, 기관, 인명, 상호 등 거의 모든 종류의 전화번호부를 구할 수 있었다.

지방으로 돌아다녀야 하는 일이니 며칠씩 집에 들어오지 못하는 날도 많아졌다. 각종 단체의 회장과 고객 접대를 마치면 항상 파김치가 됐지만, 그 사람들은 다음 날 영업에 큰 도움을 주는 존재들이었기 때문에 결코 소홀히 할 수 없었다.

버스 안에서 아무리 설명을 잘한다 해도 누군가 선뜻 나서서 사기 전까지는 나서지 못하는 게 우리나라 사람들의 습성이었다.

아무튼 일의 종류와 상관없이 내가 발에 땀이 나도록 뛰어다녔다는 게 중요하다. 나는 10개월 동안 1억 6,500만 원의 매출을 올려 여기에서도 정만기의 존재가치를 입증했다. 그러나 이 사업은 오래가지 못했다.

SBS '그것이 알고 싶다'라는 프로그램에서 건강식품 유통구조의 문제점에 대한 방송이 나가자 항의전화가 빗발쳤고, 나는 사업을 접을 수밖에 없었다. 미수상태의 물건 값이 꽤 되긴 했지만, 내심 잘된 일이라 생각했다.

결코 오래 할 만한 일은 아니었지만, 나는 이 일을 통해 다시금 자신감을 찾을 수 있었다.

나는 적극적으로 재기의 길을 모색했다. 부끄러움을 무릅쓰고 다시 한성자동차의 문을 두드렸다.

❸ 마음은 사는 것이 아니라 얻는 것

1996년 초 한성자동차 C전무님을 만나 나의 그동안의 사정을 자세히 설명했다. 나로서는 매우 큰 용기를 낸 것이었다. 인생의 밑바닥까지 내려갔다 오니 재기를 위해서 못할 일이 없었다.

내가 퇴사한 후 한성자동차는 성장을 거듭하는 중이었다. 내가 원년 멤버로 시작할 때만 해도 월 판매 대수가 기껏해야 열 몇 대이던 것이 이제는 연간 1,000대가 넘는다고 했다. 나는 주눅이 들었다. 내가 박차고 나온 회사가 이렇게 커졌으니 나를 받아줄리 없을 것 같았다.

나는 할 수 있다면 사장님의 바짓가랑이라도 붙잡고 싶은 심정이었다. C전무님의 주선으로 마침내 K사장님과의 면담이 이뤄졌다. K사장님은 내가 처음 입사할 때 나를 뽑아준 분이기도 했다.

"아니, 정만기 씨. 국민차 사업 잘하고 있는 줄 알았더니, 이게 무슨 일이랍니까?"

"면목이 없습니다. 사장님."

나는 진심으로 뉘우치고 있었다. 그동안 나의 보잘 것 없는 스펙에도 나를 믿어주고 이끌어 주었던 많은 선배들에게 나는 실망만을 안겨준 것이 아닌가.

"정만기 씨 능력이야 내가 잘 알지. 그 능력 다시 한 번 제대로 발휘해 봐야지?"

나는 순간 울컥 눈물이 쏟아지려는 것을 간신히 참았다. 위기에서 나를 구원해 주었던 많은 분들한테 진심으로 미안했다. 그들은 나에게 한 번도 대가를 바라지도 않았고, 나 역시 보답을 하지도 못했다. 이번만큼은 한 눈 팔지 않고 최선을 다해 자리를 지키리라는 굳은 다짐을 했다.

재입사를 위한 이력서를 제출하고 초조한 시간이 흘러갔다. 그러나 수일 내 연락을 주겠다는 말과 달리 아무리 기다려도 연락이 오지 않았다. 나중에 알고 보니 당시 입사원서를 받았던 B부장의 책상 속에서 잠자고 있었던 것이다. 그때의 마음 졸임이란.

결국 한성자동차에 다시 돌아왔다. 세상을 다 얻은 듯했다. 발령받은 임무는 강북전시장 영업소장. 당시에는 소장도 일반 영업직원과 같이 영업활동을 했었다. 40대 중반의 나이에 한참 어린 후배들과 같이 영업활동을 하는 것이 쉽지는 않은 일이다.

그러나 나는 초심으로 돌아가 최선을 다하리라 마음먹었다. 직책은 소장이었지만, 나는 신입 직원보다 더 열심히 뛰었다. 매일 방문처를 10곳 이상 계획했고, 반드시 실천하기 위해 노력했다. 그것은 나를 다잡기 위한 노력의 일환이었는데, 이것이 또 후배 직원들에게 좋은 영향을 미쳤던 것 같다. 이때 강북 영업소 직원들 중 대부분이 현재까지 나와 인연을 맺고 한성자동차에 뿌리를 내리는 베테랑 직원들이 되었다.

재입사 후 며칠 만에 벤츠 S500을 계약하는 데 성공했다. 평소 존경해 마지않았던 이경수 박사님께서 소개해 주신 분이었다. 이때의 희열은 한성자동차에 입사해 처음으로 벤츠 계약에 성공했던 당시에 못지않았다.

나는 하루 종일 움직이며 뛰어다녔다. 그럼에도 불구하고 얼굴엔 웃음이 가시질 않았다. 영업직원들은 장난치듯 볼멘소리를 하곤 했다.

"소장님이 그렇게 열심히 뛰어다니시면 저희는 어떻게 하라고 그러십니까? 살살 좀 하십시오."

"아, 이 사람들아. 당신들은 몇 년 동안 계속해서 영업을 해온 사람들이고, 나는 몇 년 쉬다 온 사람인데 내가 더 열심히 해야 하는 건 당연하지 않은가."

그 당시 나는 희열을 느낀다고 자주 말하곤 했다. 그도 그럴 것이 최악으로 갈 데까지 가 본 후 다시 재기해서 희망에 부풀어 근무를 하고 있으니 그럴 수밖에.

당시 강북전시장의 분위기는 참 좋았다. 나는 후배 직원들에게 권위적인 모습을 보이지 않았다. 내가 필요해 열심히 뛰었고, 그것이 후배들에게 좋은 인상으로 비춰져 자연스레 위계관계가 성립이 되었다.

사실 내가 그리 열심히 뛰었던 것은 후배들에게 본보기를 보이기 위함만은 아니었다. 일이 너무 즐겁기도 했거니와, 영업수당을 한 푼이라도 더 벌어서 무너진 가계 경제를 일으켜 세워야 한다는 절박한 심정도 있었다.

　당시 우리 집 형편은 말이 아니었다. 차가 필요했기에 어쩔 수 없이 나는 장안평에 가서 폐차 직전의 소나타를 구입, 출퇴근 및 영업활동용 차로 활용했다. 폐차 직전의 차가 며칠이나 가겠는가. 그러나 당장 자리를 잡기 전까지는 이 차로 영업을 다녀야만 했다. 수시로 중고부품을 바꾸느라 들락거리니 아예 폐차 중고부품을 파는 곳과 고정적으로 거래를 트고 지내기도 했다.

　집의 TV는 다 낡아 화면이 제대로 나오지 않았다. 새것을 살 형편은 되지 않았고, 청계천 8가에서 중고 TV를 4만원을 주고 구입했다. 누군가 부부싸움을 하다 집어던졌는지, 외양이 깨져 랩으로 둘둘 말려있는 지경이었다. 그래도 화면 하나는 기가 막히게 잘 나온다고 온 가족이 얼싸안고 기뻐했던 기억이 주마등처럼 떠오른다.

••• 인사(人事)는
만사(萬事)다

필드에서 열정적으로 뛰는 것은 그리 길지 못했다. 1996년 7월 1일부로 전 전시장에서 소장은 영업활동을 중지하고 관리업무만 맡으라는 지시가 내려왔기 때문이다.

나로서는 얼마든지 뛰어다닐 수 있는데, 조금은 아쉬운 지시였다. 그래도 영업소장의 위상을 살려주려는 본사의 취지는 충분히 공감했다. 대신에 나는 강북전시장을 최고의 영업소로 만들기 위해 직원들을 열심히 독려했다.

다행히 직원들은 모두 원만한 성격에 성실한 사람들이었다. 어느 조직이든 직원들 간의 반목이 있으면 큰 손실을 보게 된다. 한 조직 내에서 업무협조가 제대로 이뤄지지 않으면 대우국민차 같은 상황이 벌어지는 것이다.

그 폐단의 중심에는 바로 우리나라 기업문화의 고질적인 병폐인 '라인'이라는 게 있다. 학연과 지연, 혹은 몇몇이 뭉쳐 만든 사조직 인맥은 때론 좋은 경쟁의 대상이 되기도 하지만, 대부분 그들만의 이익을 위해 뭉치게 마련이다.

한성자동차에서 내가 느낀 가장 좋은 점은 바로 이런 라인 문화가 없고, 간판보다는 실력으로 평가하는 시스템이 구축되어 있다는 점이었다.

한성자동차가 다른 기업들과 달리 보다 더 화합할 수 있는 데에는 남다른 인화 문화(人和文化)가 자리 잡았기 때문이다. 서로가 경쟁해야 하는 영업직원임에도 불구하고 이들은 서로의 안부를 진심으로 챙기며 살핀다. 직급이 높건 낮건 간에 자신만의 파벌을 만들거나 업무 성과가 아닌 다른 관점으로 직원을 판단하는 사람들은 회사에서 오래 버티지 못했다.

1996년 하반기, 나에게 두 번이나 기회를 준 K사장님의 호출이 있었다.

"정 소장, 현대자동차 출신이지?"

"네, 그렇습니다."

"이 사람 좀 알아보게."

K사장님이 건넨 쪽지에는 현대자동차 압구정 영업소 P라는 사람이 적혀 있었다. 나는 인맥을 총동원해 P에 대한 정보를 수집했다. 정보에 의하면 P는 영업력 좋고, 대인관계 원만하며, 평판도 아주 좋은 직원이었다. 두말 할 것도 없이 우리에게 필요한 인재라 생각됐고, 그대로 보고했다.

K사장님은 흡족해 하며 나더러 강북영업소에서 같이 근무하라는 지시를 내렸다. 나도 내심 반가웠다.

현대자동차 출신이어서가 아니라 그 후배직원이 정말로 좋은 인재라는 생각이 들었기 때문이었다. 그런데 문제는 한 달쯤 지난 후에 발생했다. 첫 월급부터 P의 급여에 차압이 들어온 것이다. 벤츠 영업을 하면 단위가 큰 액수의 돈을 거래해야하기 때문에 자칫하면 금전사고가 날 수 있다. 그래서 직원의 도덕성은 매우 큰 평가항목이다. 그런데 첫 월급부터 차압이라니.

나는 P를 불러 소주 한 잔을 청했다.

"이런 말 한다고 어렵게 생각하지 말고……. 자네 첫 월급부터 차압이 들어와서 경영진이 우려하고 있어. 어떻게 된 일이야?"

P는 고개를 떨구고 소주잔을 들이켰다. 뭔가 대단히 상심한 표정이었다.

"혹시 잡기 좋아하나?"

"……."

"말하기 어려운 사정이 있는 거야? 능력도 있는 친구가 이렇게 많은 빚을 지는 데는 뭔가 이유가 있을 텐데."

좀체 말을 하지 않는 P였다. 나는 다그치지 않고 천천히 술잔을 기울였다. 그렇게 술이 거나하게 올랐을 때 P는 그 예의바른 말투로 조금씩 털어놓기 시작했다.

"사실……, 제가 거절을 잘하지 못하는 성격입니다. 친한 사람이 어렵다 하면 그냥 넘어가기가 힘들어서요……."

자초지종을 듣고 보니 그는 잡기나 주식, 혹은 여자 문제로 빚을 진 게 아니었다. 그의 주변 사람들에게 하나 둘씩 보증을 서주다 보니 때론 그 빚이 해결되지 않아 급기야 그의 월급까지 차압이 들어오게 됐다는 것이다. 최근에도 친한 친구가 부탁해 보증을 섰는데, 그 친구가 부도를 내고 미국으로 도피하는 바람에 그 책임을 P가 뒤집어썼다는 것이다.

"아니, 이 사람아. 사람이 좋은 것도 정도껏이지. 그렇다고 본인의 신용이 거덜날 때까지 남을 도와준다는 게 말이 돼?"

질책을 하면서도 나는 눈물이 핑 돌았다. 사람 좋은 P가 다른 사람들에게 이용당하고 있다는 생각이 들어서였다. 그리고 나의 어려운 시절, 나 역시 누군가에게 도움을 받아 그 어두운 터널을 지나올 수 있지 않았나, 생각이 미치자 동병상련의 마음이 일었다.

나는 그날 P와 함께 거나하게 취했다.

"이봐, 이제 앞으로는 절대! 그 어느 누구에게도 보증을 서지 말라고. 혹여나 아버지가 보증을 부탁해도 절대 서 주지 말란 말이야!"

"그럼요. 누구 지시사항인데요. 전 정 소장님 말씀은 무조건 따를 겁니다. 절대로 보증서지 않겠습니다."

혀가 꼬부라진 채로 우리는 그렇게 다짐하고 또 다짐했다.

그리고 같이 어깨를 걸고 길에 나서서 나는 짐짓 장난기가 발동했다.

"근데 말이야, 내 사정 알지? 요즘 힘들어 죽겠어. 은행 융자도 너무 많고⋯⋯. 그래서 말인데 마지막으로 딱 한 번만 내 보증만 서고 다시는 안 서면 안 되겠나?"

"그럼요! 제가 딴 사람은 몰라도 소장님은 마지막으로

한 번 서 드려야죠!"

나는 어이가 없었다. 이건 사람이 좋은 건지, 선천적으로 남한테 퍼주길 좋아하는 건지. 영업력은 물론이고 회사 생활 하나는 똑 부러지게 하는 친군데, 어쩌다 자신의 금전적인 문제에는 이렇게 무른 것일까.

"예끼, 이 사람아! 금방 다시는 보증서지 않겠다고 하지 않았나!"

나는 벼락같이 소리를 질렀다.

다음 날, 나는 회사에 보고서를 올렸다. 도벽과 같은 다른 문제가 있어 신용이 문제가 생긴 것이 아니라는 내용이었다. 그리고 만일 P가 회사에 금전적인 문제를 끼친다면 내가 배상하겠다는 보증을 섰다. 보증중독자에게 보증이라니. 그래도 이 각박한 세상에 이런 친구를 만났다는 것이 오히려 반가웠다.

훗날 P는 미국까지 건너가 자신에게 빚을 떠넘기고 간 친구를 찾아냈으나, 오히려 초라하고 불쌍한 행색을 하고 있는 그 친구에게 용돈까지 주고 왔다고 한다.

같이 어려움을 겪으면서 우리는 매일같이 함께 의지했다. 막창, 삼겹살, 마른 오징어…… 우리가 없앤 수많은 안

주들은 비록 화려하지는 못했지만, 하루 일이 끝나고 기분 좋게 취하는 동료와의 술자리는 다른 것과 비할 바 없는 즐거움이었다.

한 사람은 사업 실패로, 한 사람은 빚보증 문제로 어려움을 겪고 있는 상황에서 우리는 자조적인 말을 하곤 했다.

"거지들끼리 어울려서 매일같이 술을 잘도 먹네요? 근데 같은 거지끼리 왜 맨날 소장님만 술값을 내십니까? 가끔 나도 내야지."

"야, 같은 거지 좋아하네. 너는 아직 멀었어. 넌 그냥 거지, 난 상거지니 내가 내는 게 맞지. 어디서 맞먹으려 들어?"

같은 술을 마셔도 분명한 차이가 있다. 원하지 않는 접대 자리나, 비탄에 빠져 마시는 술은 먹는 대로 독이다. 그러나 좋은 이와 함께 흉금을 터놓고 마시는 술은 결코 몸에 해를 주지 않는다고 믿는다.

훗날 IMF를 맞아 매출에 심각한 타격을 입은 한성자동차는 1차, 2차, 3차에 거친 구조조정을 거쳤다. 정말 아슬아슬하게 둘 다 살아남았지만, P는 그때 당시 막 출범한 삼성차로 이직을 생각하고 있었다.

함께 어려움을 헤쳐 나간 동료로써 나는 매우 서운했다. 아마도 나에 대한 미안함이 컸기 때문이었겠지만, 그는 이직에 대해 나에게 상의를 해오지 않았다. 나는 그의 의중을 알고도 아무 말도 하지 않았다.

"오늘 나랑 같이 소주나 한 잔 하지?"

"아이고, 소장님. 오늘은 힘들겠는데요. 중요한 약속이 있습니다. 며칠 후에 하시죠?"

나는 이미 그가 새로 이직할 회사의 지점장을 만나러 간다는 사실을 알고 있었다. P는 당장 내주부터 새로 입사할 회사의 교육자료를 들고 있었다. 그는 이미 이직에 필요한 모든 절차를 다 마쳐놓고 직원교육 이수만 남은 상태였다.

"중요한 약속이 뭔지 몰라도 오늘은 나랑 술 한 잔 해야만 해. 며칠 후에는 네가 술 한 잔 하자고 해도 내가 너하고 같이 술 마셔줄 것 같아?"

분위기가 심상치 않았던지, 결국 P는 실토하고 말았다.

"앞으로 제 지점장님이 될 분인데, 첫 약속부터 제가 펑크를 낼 수는 없지 않습니까……. 한 번만 봐주십쇼."

나는 P의 얼굴을 똑바로 쳐다보며 큰 소리를 냈다.

"그러니까! 오늘까지는 아직 내가 네 소장이잖아! 오늘은 나랑 먹고, 네 새 지점장이랑은 네가 그 사람 팀원 된 다음에 먹으라고!"

결국 P는 나를 따라 나섰다. 소줏집에 도착해서도 냉랭한 분위기는 풀리지 않았다.

"이보시오, 여기 소주랑 잔 좀 주시오."

종업원이 가져 온 것은 소줏잔이었다.

"아니, 이거 말고. 맥줏잔."

종업원이 다시 가져 온 맥줏잔에 나는 아무 말 없이 소주를 가득 따라서 세 병을 연거푸 마셔버렸다. 그리고는 역시 아무 말 없이 자리를 일어나 버렸다.

"아니, 벌써 일어나시게요? 아무 말씀도 안하셨잖아요?"

P는 황당해 했다.

"야, 내가 소주 먹자고 했지, 언제 너랑 얘기하자고 했냐?

그 다음 날 저녁. P는 한밤중에 전화를 걸어왔다. 그리고는 다짜고짜 볼멘소리를 내뱉었다.

"몰라요!"

"왜!"

"나, 안가요. 한성에 남을래요."

P의 목소리는 원망에 차 있는 듯도 했고, 슬퍼 보이기도 했다. 어쩔 수 없이 생계를 걱정해야만 하는 우리의 슬픈 자화상이었다.

어려운 시기를 겪어낸 P는 그 후로 승승장구해 현재 대한민국 벤츠 영업의 최고봉인 한성자동차 강남지점장으로 근무하고 있다. 만일 그때 한순간 잘못된 판단을 내렸다면 한성으로서는 유능한 인재를, P로서는 인생의 중요한 기회를 놓칠 뻔한 것이다.

인생에 있어 중요한 기회를 잡는 것도, 어려운 상황을 헤쳐 나오는 것도 결국 사람의 힘이다.

사람 인(人) 자는 두 사람이 서로 의지해 서 있는 형태다. 인간(人間)이라는 한자어 역시 '사람 사이'를 말하고 있다. 사람이란 다른 사람과 함께 살아가는 존재다.

주변에 믿을만한 사람 하나 없다면 억만금을 가지고 있다 해도 그 사람은 결코 인생을 잘 살아온 것이 아니다.

● 이익보다 믿을만한 곳에 머물라

사람을 사귀는 데 반드시 오랜 시간이 필요한 것은 아니다. 어떤 사람은 짧은 기간을 만나도 오랫동안 만난 사람같이 믿을 수 있는 사람이 있다.

K는 내가 현대자동차에서 근무하던 시절 짧은 시간을 함께 했다. 2년이 채 안 되는 시간이었던 것으로 기억된다. 그러나 그가 가지고 있는 번득이는 아이디어와 기획력, 그리고 성실함은 나에게 깊은 인상을 남겼다.

현재 한성자동차에서도 최고의 리더십과 영업력을 인정받으며 승승장구하고 있다. 그런데, 최근 타 브랜드 수입차 회사에서 스카우트 제의를 받았다.

어떻게든 한성자동차의 노하우를 활용하고 싶었겠지만, 그렇다고 쉽게 움직일 K가 아니었다.

그러자 그 회사는 차마 거부하기 힘들 파격적인 조건을 제시했다. 거듭되는 러브콜에 결국 K도 마음이 흔들리는 듯싶었다.

나는 안타까웠지만, 그에게 먼저 연락을 취하지는 않았다. 그러던 중 K로부터 연락이 왔다.

"상무님, 저 소주 한 잔만 사주십시오."

나에게 조언을 구하고 싶었던 모양이었다. 사실 오랜 시간 함께 해 온 사이이기는 했지만, 직장 상사인 나에게 타 브랜드 회사로부터 스카우트 제의를 받았다는 말을 꺼내놓기가 쉽지는 않았을 것이다.

"어찌해야 할까요? 저로서는 상무님도 계시고, 오랜 시간 함께 커 온 지금 이 회사를 떠나기가 싫은데, 달리 보면 인생의 갈림길이 될 수 있는 좋은 기회 같기도 하구요……."

소주 두세 병을 비우는 동안 나는 묵묵히 이야기를 듣고만 있었다. 사실 K와 나 사이에 별다른 이야기가 필요한 것은 아니었다. 우리는 굳이 말을 하지 않아도, 모든 것을 다 알 수 있을 만큼의 시간을 함께 보낸 사이였다.

잠깐의 침묵이 흐른 뒤에 나는 무겁게 입을 뗐다.

"네가 가서 그 회사를 정말이지 최고의 회사로 만들 수도 있겠지. 하지만, 나라면 지금 당장 눈앞의 이익이 정말 크더라도, 믿을 수 있는 곳에 머무르겠네. 우리가 만든 우리의 회사는 그 누구보다도 우리가 가장 잘 알고 있지 않은가?"

나는 그를 붙잡고 싶었다. 그가 우리 회사에 반드시 필요한 사람이기도 했지만, 그를 위해서도 나는 현재의 위치를 지키는 것이 낫다고 판단했다. 그 판단의 근거는 바로 '믿음'이었다. 당시 그를 스카우트하려는 회사의 분위기는 내가 몸담고 있는 한성자동차와 같지 않았다.

결국 K는 우리 회사에 남았다. 그런 제안을 거절할만한 사람은 그리 많지 않을 것이다. 나중에 나는 우연히 다른 후배로부터 K의 이야기를 전해들을 수 있었다. K가 또 다른 후배와 이야기를 나누던 중 그때 당시의 일을 얘기했다고 한다.

"고생해가며 함께 이룬 회사를 배신하는 것도 그렇지만, 나로서는 정 상무님을 정말 저버릴 수가 없더라구. 물론, 다시 올 수 없는 절호의 기회란 것도 알지. 하지만, 다시 마음을 다잡을 수 있었어. 다시 못 올 절호의 기회는 이미 잡았지 않느냐고. 정 상무님과 우리 모두가 함께 이룬 한성자동차 말이야."

그는 아무 말도 없이 그냥 그 일을 흐지부지 무마했지만, 그의 결정이 이런 깊은 신뢰를 바탕으로 나온 것이라는 생각이 들자 나는 정말 뿌듯한 감동을 느꼈다.

그와 내가 젊은 날 함께 헤쳐 나온 수많은 어려움의 기억이 그런 유혹을 이겨낼 수 있게 만드는 계기가 되었을 것이다.

● 한 번 믿었으면 끝까지 믿어라

또 다른 에피소드도 있다. P와 동기로 들어 온 S의 이야기다. 내가 먼저 면접을 보고 쓸만한 친구 같아 회사에 추천했는데, 사장님 면접에서 그만 떨어진 친구가 있었다. 나는 아무리 생각해도 그 친구가 아까웠다. 마침 해외 출장을 떠나는 사장님께 전화로 잘 말씀드려 다시 검토가 이뤄졌다. 그 결과 그는 한성자동차에서 일하기로 결정됐다.

그런데 이 친구는 입사한 지 4개월 만에 그만 까다롭디 까다로운 고객을 만나 된통 당했는지, 회사를 퇴사한다고 하는 것이 아닌가? 내가 보기엔 오기와 끈기, 성실성 등 모든 부문에 있어 뛰어난 친구였다. 한 순간의 감정을 못 이겨 퇴사한다는 것이 아까웠다. 나는 S를 불러 호되게 질책했다.

"사람이 한 번 마음을 먹었으면, 최소한 일 년은 매진해 보고 다음 행동의 거취를 정해야지 너무 경솔하지 않은가!"

결국 그 위기를 잘 견뎌내고 열정적으로 영업활동을 잘하여 회사 전체 판매 2위까지 올라간 기록을 세우기도 했다.

이 친구는 나의 젊은 날을 보는 것 같이 다른 분야에 눈을 돌리기도 잘 했다. 1998년 11월 경 일산에서 갈빗집을 차린다며 퇴사하여 나름대로의 콘셉트로 운영했다. 그런데, 자신의 양에는 차지 않았던 모양. 결국 갈빗집을 접고 다시 한성자동차로의 복귀를 희망했다.

나는 기꺼운 마음으로 그의 재입사를 받아들였지만, 여기저기서 반대가 심했다. 자기 발로 나간 사람이 무슨 염치로 다시 재입사를 하냐는 것.

그러나 나의 생각은 달랐다. 철저히 현재의 영업력으로 인재를 평가해야지, 감정으로 흘러선 안 된다는 생각이었다. 그가 퇴사를 하면서 회사에 누를 끼친 일도 없었고, 검증된 직원으로서 믿음이 가는 사람이었다. 결국 회사에서는 내 의견을 받아들였다.

사람은 누구나 장단점을 가지고 있다. 때로는 자신의 생각이 다른 곳으로 뻗쳐 현재 머물고 있는 곳에서 벗어나기도 한다. 하지만, 중요한 것은 목적이다. 당시 나의 목적은 우리 회사에 도움이 될 만한 인재를 발탁하는 것이었지, 개인적인 친분으로 S의 재입사를 도운 것이 아니다.

춘추전국시대의 고사에 이런 이야기가 있다.

연나라의 소왕이 현자라 일컬어지는 곽외를 찾아가 어떻게 하면 인재를 등용할 수 있는 지를 물었다. 곽외는 옛이야기를 꺼내며 천리마를 구하는 방법을 알려준다.

곽외의 말인즉, 죽은 천리마를 오백 금에 사라는 것. 이에 연 소왕은 크게 노한다. 오백 금이란 적은 돈이 아니다. 아무리 천리마라 한들 죽은 말을 대체 어디에 쓰려고 오백 금이나 되는 큰돈을 쓴단 말인가.

그러나 연 소왕이 죽은 천리마를 오백 금이나 되는 거금을 들여 샀다는 소문이 퍼지자, 천하 각지에서 천리마를 팔려는 사람이 줄을 이었다. 죽은 천리마도 오백 금에 사는 연나라 왕이니 살아있는 천리마는 훨씬 더 좋은 가격을 받을 수 있다고 생각한 사람들이 앞다퉈 몰려들었기 때문이다. 이 덕분에 연나라 소왕은 평생 가도 한 번 만나볼까 말까 한 천리마를 세 필이나 사들일 수 있었다. 천리마를 얻은 기쁨은 금액으로는 따질 수 없는 것이었다.

내가 S를 다시 받아들이자고 한 것에는 한국의 폐쇄적인 기업문화를 좀 더 유연하게 만들어보기 위한 의도도 담겨 있었다. 한국사회에서는 유독 의리와 일부종사와 같은 절대 충성형 인재를 요구하는 경우가 많다. 그러나 의무로서 사람을 묶어 놓는 데는 한계가 있을 수밖에 없다. 그 사람이 진정한 능력을 발휘하는 인재로 성장하게 만들기 위해서는 좀 더 자율적인 분위기가 형성되어야 한다.

S는 퇴사했다가 재입사하는 과정을 거치면서 뛰어난 실력을 보여주었다. 이런 모습은 다른 능력 있는 인재들이 한성자동차의 문을 두드리는 데 훨씬 마음 편하게 만든 전례가 되었을 것이다.

보통 이직을 생각하는 사람들은 자신이 뒤에 재입사했다는 사실 때문에 주눅이 들거나 배타적인 대우를 받지 않을까 두려워하기 마련이다. 그러나 나나 S와 같은 선례를 보면서 좀 더 편한 마음으로 한성자동차에 인재들이 모여드는 계기가 되지 않았을까.

결국 S는 또 다시 회사를 퇴사해 요식업에 다시 도전했다. 물론 재입사 후 영업활동을 게을리 한 것은 아니었다. 자신의 꿈을 이루기 위한 결정이라고 보인다.

나는 그의 결정을 존중했다. 그만한 열정과 능력이 있으니 자신의 꿈을 찾아 간 것이라고 믿는다. 그는 현재 잘 나가는 요식업 프랜차이즈의 대표로 자리 잡았다. 결국 자신의 꿈을 좇아 성공한 셈이다.

⊛ 삶의 굴곡은 사람을 단련시킨다

내 삶의 재출발이 되었던 강북전시장. 그 시절은 힘들지만 하루하루가 희망으로 즐거웠던 기억뿐이다. 그런데, 어느 누구의 잘못도 아닌 시련이 닥쳐왔다.

1997년의 IMF 구제금융사태의 여파는 한성자동차에도 큰 변화를 몰고 왔다. 결국 우리 영업소를 포함한 3개 영업소를 폐쇄하고, 본사로 통합한다는 것이다. 당연히 인원에 대한 감축 지시도 떨어진 상태였다. 게다가 감원 대상은 다름 아닌 제일 막내 두 명이었다. 상사로서 차마 하지 못할 괴로운 통보였다.

그런데 엉뚱하게도 분위기는 묘하게 흘러갔다. 사원들은 그렇지 않아도 회사 분위기가 뒤숭숭해 감원 예고를 눈치 채고 있었다. 회의실에서 나와 K과장이 장시간 회의를 하는 것을 지켜 본 직원들은 K과장이 정리해고 대상자인 줄 착각하고, 오히려 그를 안쓰러워하는 분위기가 되어 버린 것이다.

저녁 회식자리에 가서 K과장은 눈치만 살피다가 술에 취해버리고 말았다. 결국 취한 K과장을 귀가시키고, 내가 막내 두 명에게 해고결정 통보를 전했다. 가슴이 에이는 기분이었다. 그러나 오히려 젊은 두 사람은 나를 위로하며 걱정하는 바람에 나는 끝내 눈물을 보이고 말았다.

며칠 후 무거운 마음으로 이삿짐을 꾸렸다. 강북전시장을 폐쇄하고 본사로 넘어가는 이삿날, 차마 발걸음이 떨어지지 않았다. 내 인생의 새로운 출발을 시작한 곳이었다. 그런데, 이삿날에 정리해고 된 두 사원이 나타났다.

"아니, 어떻게 왔어?"

"뭐, 어차피 할 일도 없는데요. 이삿짐 꾸리는 거나 도와드리려고 왔습니다."

"아니, 이 사람아. 시간이 남으면 집에서 놀기라도 할 것이지, 뭣 하러 너희 자른 회사 이사를 도우러 나와? 그렇게 할 일이 없나?"

나는 눈시울이 뜨거워졌다. 그리고 속으로 다짐했다. 경제가 다시 회복되고, 회사의 방침이 결정된다면 이들을 최우선으로 복귀시키겠다고. 그리고 그 다짐은 멀지 않은 장래에 실현됐다.

이삿짐을 꾸려 보내고, 우리는 옛 직원의 배웅을 받으며 강북전시장을 떠났다. 강북전시장은 아직도 애증의 장소로 남아있어, 근처를 지날 때마다 회한이 몰려온다.

그때 해고된 Y는 약 한 달 후 우리 그룹의 다른 판매회사로 입사했다. 그리고 다시 한성자동차에 합류, 팀장을 거쳐 인천지점장을 역임했다.

현재는 다른 판매회사의 지점장으로 근무하고 있다. 어찌 보면 그 날의 짧은 헤어짐이 우리에게는 더욱더 결속력을 높이는 계기가 되었을지도 모른다. 함께 어려움을 겪고, 아쉬움을 나눈 사이는 작은 틈으로 절대 벌어지지 않는다.

내가 가장 자랑스럽게 말할 수 있는 것은 지금 가장 훌륭한 활약을 보여주고 있는 인재들이 대부분 나와 함께 지난 어려움을 겪어낸 사람들이라는 것이다. 그래서 조심스럽지만, '정만기 사단'이라는 애칭을 자랑스럽게 받아들인다.

리셉션 여직원 P는 훗날 본사로 충원됐다. 그리고 결혼하여 행복한 가정을 꾸리고 있다. 힘든 사실을 전달하느라 과음한 끝에 임무를 완수하지 못했던 K과장은 어느 해인가 회사 전체에서 판매 1위를 했다.

보증 잘 섰던 P는 우리나라 벤츠 판매의 최대 전시장인 강남전시장의 수장이 되어 한성자동차를 이끌고 있다.

또 다른 직원 L은 벤츠 판매의 다른 딜러사로 이직하여 영업총괄이라는 중요한 직책을 맡았다. 앞서 언급한 S는 요식업 프랜차이즈 사장으로 잘 나가는 사업체를 꾸려나가고 있다.

IMF 당시 얼마나 많은 사람들이 쓰라린 감원의 고통을 맛보았던가. 그런데도 우리 한성자동차 강북영업소 동지들은 모두가 슬기롭게 그 위기를 겪어냈다. 남의 고통을 나의 고통인양 나누고, 나의 고통이 다른 사람의 발목을 잡지 않도록 서로가 배려한 결과라고 생각한다.

인재는 당사자의 능력으로만 만들어지지 않는다. 함께 있는 사람이 누구냐에 따라 사람의 능력은 더욱 커지기도, 축소되기도 한다.

야구선수 추신수와 이대호는 함께 자라며 동네야구부터 같이 시작했다. 자질 역시 훌륭했겠지만, 두 사람이 한국 야구계의 거목으로 성장한 데에는 서로가 영향을 끼치며 성장한 결과라고 생각한다. 이 역시 주변의 사람이 누구냐에 따라 달라지는 결과다. 또 다시 성공의 결론은 '사람'이다.

✹ 롤러코스터를 즐기기 위해선 믿음이 필요하다

본사로 이사 오고 강도 높은 구조조정을 실시했지만, 시장 환경은 더욱 악화되어 갔다. 나라가 부도나는 판국이니 고가 벤츠의 수요가 어찌 줄지 않겠는가? 설사 벤츠를 살 여력이 있어도 사회 분위기 때문에 구매의욕은 거의 절벽과 같이 떨어졌다. 1996년부터 1997년까지 연간 1,000여 대 이상 판매를 이뤘던 한성자동차의 판매고가 IMF를 겪으면서 연간 판매량 100여 대로 줄어들었으니, 그 시기의 위기감은 심각한 것이었다.

결국 또다시 구조조정의 소문이 돌았다. 나는 마음의 준비를 했다. 걱정은 됐지만, 난 절망하지 않았다. 아내도 의연하게 대처했다.

국민차 사업을 접으며 겪었던 그 쓰라린 고통이 다시 다가올까 겁이 난 것은 사실이지만, 그 시기를 겪으면서 그보다 더 큰 고통은 없을 것이라고 단련이 되었기 때문이다. 한 번 죽으려고 마음먹었던 사람이 죽기 살기로 덤비면 어떤 시련인들 겪어내지 못하겠는가?

예상대로 구조조정 대상에는 내가 포함돼 있었다. 그러나 퇴사는 하지만, 개인사업자로서 영업을 보장해 주는 시스템으로 전환하는 내용이었다. 나쁘지 않았다. 한성자동차의 여러 복지혜택을 누리지는 못하지만, 하는 일의 연장선상에서 계속 일을 할 수 있게 된 것이다. IMF 전 본사, 강북, 서대문, 수원의 4개 영업소, 40명의 직원은 구조조정을 거치면서 3명의 영업직원과 5명의 개인사업자로 최소한의 인력만 남게 됐다.

훗날 다시 시장 환경이 좋아지고, 인력을 다시 필요로 했을 때 당시 구조조정된 직원들 대부분 다시 한성자동차로 돌아왔다. 때론 경쟁사에서 주된 임무를 맡은 직원들도 있었다.

어쨌든 나로서는 가계의 차원에서도 구조조정이 필요했다. 국민차 사업의 실패로 인한 부채가 아직도 상당부분 남아 있었기 때문에 우선 이자 지출을 최소화 할 필요가 있었다.

빚을 먼저 상환하고 싶었다. 하지만 워낙 작은 아파트인지라 매각한다고 해도 대출금 상환이 어려웠다. 생각 끝에 더 작은 15평 아파트를 월세로 얻어 이사했다. 벤츠 영업은 직격탄을 맞았지, 이자는 여전히 매달 내야하지, 고등학생과 중학생 자녀의 학자금은 계속해서 들어가지, 월세를 못 내는 달도 많아 보증금 1,000만 원 중 500만 원을 까먹기도 했다.

안방 하나와 작은 방, 거실 겸 주방이 전부였던 그 좁디좁은 아파트. 안방은 어머니와 아들딸이, 작은 방은 우리 부부가 생활했다. 우스갯소리로 '옛날에는 단칸방에 다섯 식구가 살기도 했다.'는 말을 하는데, 우리 가족의 생활도 결코 그에 못지않았다.

상황이 이렇다보니 아들딸에게 제대로 된 공부방 하나 마련해 주지 못한 것이 지금도 못내 한이 된다. 딸은 밥상을 책상 삼아 공부했고, 고등학생인 아들은 장독이 있는 베란다 한 귀퉁이에 책 한 권 펼칠만한 아주 작은 책상 하나를 두고 공부했으니.

나도, 가족도, 회사도 모두 어려운 시기였다. 하지만 나는 자신 있었다. 누구보다도 성실하게 일을 할 자신이 있었고, 나의 아이들이 어려운 상황에서도 반듯하게 자라 줄 것을 믿어 의심치 않았다. 그리고 우리 회사 역시 어려움을 겪을 때 내가 최선을 다한 것을 결코 잊지 않을 것이라는 믿음이 있었다.

내가 금전의 유혹에 휘둘리지 않을 수 있던 것은 아마도 이런 가족의 덕분 아니었을까. 만약 돈이 없다며 매일같이 들볶아대는 아내였다면, 학원비는커녕 용돈도 부족하다며 아들딸이 비뚤어져 나갔다면 나는 과연 내 스스로 떳떳하게 뒷돈 없이 살아갈 수 있었을까 하는 의문이 든다.

회사는 나를 믿었고, 우리 가족도 나를 믿었다. 우리는 모두가 함께 서로를 믿으며 어려운 시기를 헤쳐 나가는 원동력으로 삼았던 것이다.

5장
마침내 오른
궤도

••• IMF를
극복하다

세계에서 유례없는 단기 경제성장을 이룬 대한민국. 위기를 극복하는 데에도 그 저력은 여지없이 발휘되었다. 전국민이 똘똘 뭉쳐 아기 돌반지까지 내놓은 열정은 곧 한국경제를 정상으로 돌려놓고 굴욕적인 IMF 구제금융을 종식시키는 계기가 되었다.

영업조직 축소라는 아픔을 겪었던 한성자동차 역시 서서히 재기의 기지개를 켜고 있었다. 벤츠와 같이 고급 소비재는 한 번 시장을 형성하기도 어렵지만, 빼앗긴 시장을 되찾는 데도 많은 시간과 공이 들어간다. 비록 IMF 구제금융은 끝냈지만, 사람들의 인식에 고급 수입차를 탄다는 것은 매우 어려운 일이었다.

　나는 열심히 논리를 개발했고, 고객들을 설득했다.

　"소비가 늘어야 내수 경제가 살아나고, 경제상황도 빠르게 개선이 됩니다. 돈이 없는 사람이 분에 넘는 소비를 하는 것은 문제이지만, 돈을 가진 사람이 소비를 늘려줘야만 경제 전반에 그 돈이 돌게 됩니다. 게다가 이런 시기에 자금 때문에 예정된 차를 구입하지 못한다면, 그 회사의 자금구조에 문제가 있는 것 아니냐는 불필요한 의심을 사게 될 수도 있습니다."

　IMF구제금융 극복의 분위기와 함께 벤처열풍이 대한민국을 덮었다. 위기를 극복하고 나자 새로운 시장이 형성됐고, 예전보다 훨씬 쉽게 자본이 형성될 수 있는 기회가 생겼다.

　부동산과 주식 열풍으로 부자가 된 사람들이 벤츠의 새로운 고객으로 진입했다. 연예계나 기업 고객들도 그동안 미뤄왔던 신차를 구입하는 분위기가 이어졌다.

　이전에는 볼 수 없었던 특이한 고객들도 많았다. 어떤 고객은 차량 대금 전액을 현금으로 차 트렁크에 싣고 와서 직원들을 놀라게 했다.

또 어떤 고객은 S320 모델을 구입하더니, 보름 후에 E240, 다시 보름 후에 S500을 구입해 한 달 만에 세 대를 사기도 했다. 말수도 적고 점잖은 고객이었는데 주식에 크게 손을 댔다가 결국 실패했다는 후문을 듣기도 했다.

어쨌든 '벤츠'는 모든 사람이 꿈에 그리던 차임에 틀림이 없다. 그러므로 온갖 영욕이 교차하는 셈이다.

나는 다시 열심히 영업 일선에 뛰어 들었고, 1999년 영업 1등을 하며 안정적인 생활을 되찾기 위해 최선의 노력을 다했다. 그 결과 어느 정도 빚도 정리할 수 있었다.

시장상황이 회복됨에 따라 회사에 새로운 임원이 부임했다. 새로 부임한 임원은 현 회장님이다. 당시에는 전무로 부임했고, 탁월한 업무역량으로 인정을 받고 계신 분이었다.

그는 부임하자마자 한국의 문화를 익히기 위해 많은 노력을 기울였다. 매주 직원들과 함께 등산을 하고, 김치, 청국장, 감자탕 등 외국인이 쉽게 익숙해지기 힘든 음식을 앞장서 함께 했다. 한국의 문화를 함께 나누며 직원들과 동화되기에 먼저 나섰다.

전무님이 부임하고 나서 나는 더욱더 분발했다. 당시 전무님은 좋은 실적을 내고 있던 나를 격려해 주었고, 노력에 대한 인정이 고마웠던 나는 더욱 분발하는 계기가 됐다. 긍정의 힘에 대해 많은 부분을 배울 수 있었고, 훗날 내가 후배들에게 힘을 실어주는 데에도 많은 참고가 되었다고 생각한다.

2000년, 한성자동차가 어느 정도 안정을 찾아가자 회사에서는 다시 나에게 관리직 업무를 맡겼다. 아내는 우스갯소리를 하기도 했다.

"당신이 몇 년만 더 영업하면 우리 집안 경제에 큰 도움이 될 텐데요."

어쩌면 나를 비롯한 우리 가족이 겪었던 참담했던 시련의 경험이 우리에게 위험한 욕심을 거둬가 주었는지도 모른다. 그렇지 않았다면 우리가 어느 정도 성공을 이뤘어도 그것에 만족하지 못하고 항상 불평하며 살아가게 되는 모습을 보이지는 않았을까?

그래서 세상은 실패와 성공을 같이 겪어봐야지만 진정한 행복의 의미를 깨달을 수 있다고 믿는다.

나는 반포 본사의 팀장으로 근무하다가 2002년 12월, 강남전시장으로 자리를 옮겨 새로운 터전을 일궜다.

🌑 최고의 명장들과 함께 영업의 지평을 넓히다

　　강남전시장 팀장으로 부임하고 나서 나는 강북전시장 시절부터 나를 따르던 직원들과, 새로운 계기로 함께 하게 된 직원들과 함께 최고의 영업팀을 꾸렸다. 지금 생각해 봐도 당시의 팀원들은 정말 하나하나가 모두 최고의 자질과 호흡을 보여주는 멋진 후배들이었다.

2005년 강남 전시장 영업팀과 함께

　　본사 영업팀을 거쳐 강남전시장의 영업팀으로 이어지는 드림팀 라인은 한성자동차 영업왕의 계보를 만들어냈다.

　　1대 영업왕으로 꼽히는 정만기, 2대 영업왕으로 꼽히는 박원권, 3대 김상균, 4대 신동일까지 모두 내가 발굴한 인재들이며, 나의 팀에서 출발한 인재들이다. 나는 아직도 이 사실에 뿌듯한 자부심을 느낀다.

당시 한성자동차에서는 3개월에 한 번씩 판매 1위에게 금 한 냥의 포상을 했다. 그런데 내가 강남전시장 팀장을 맡을 당시 판매왕으로 등극한 P는 3년 이상 한 번도 거르지 않고 수상을 하니, 다른 직원들이 수상을 3회로 제한하자는 요청이 있을 정도였다. 훗날 새로운 영업왕으로 이름을 올린 S부터는 아예 시상 자체가 의미가 없어질 정도였으니, 우리 영업팀 출신들의 경쟁력은 타의 추종을 불허하는 것이었다.

당시 팀장의 급여체계는 기본급에 팀원들이 일군 매출의 비율에 따라 인센티브로 받는 구조였다. 이들의 선전은 나에게도 매우 좋은 일이었다. 당연히 나는 이들을 지원하기 위해 물심양면으로 노력을 아끼지 않았다.

훗날 '정만기 사단'이라고까지 불리기도 했지만, 나는 이런 분류가 이뤄지는 것에 항상 조심스러웠다. 아무리 순수한 의도라고 해도 자칫하면 회사 내 사조직이 만들어질 수 있기 때문이다. 앞서도 말했지만, 회사 내 조직이 만들어지면 얻는 것보다 잃는 것이 훨씬 많다.

내가 팀장으로서 팀원 관리에 본격적인 역할을 하기 시작하면서 나는 리더십에 대해 고민했다. 리더로서의 덕목과 철학은 직접 발로 뛰는 영업맨과는 달라야 했다. 아무리 실력이 출중한 선수라도 훌륭한 감독으로 자리 잡지 못하는 경우가 많다. 개인으로서 능력을 발휘하는 것과 조직의 힘을 배분하고, 조화를 이루게 하는 것은 올바른 리더십이 갖춰지지 않으면 어려운 일이기 때문이다.

한국 축구에 획기적인 역사를 만들어냈던 거스 히딩크 감독은 정작 선수 시절에 그렇게 뛰어난 자질을 보이지 않았다. 그러나 그가 한국 대표팀뿐만 아니라 그가 맡은 팀마다 팀 컬러를 정확하게 읽고 최고의 팀으로 만드는 것은 그의 용인술이 뛰어났기 때문이다.

훌륭한 리더를 만나면 능력이 배가되는 직원이 많다. 어떤 직원은 훌륭한 자질을 가졌음에도 불구하고 제대로 된 리더를 만나지 못해 아까운 재주를 썩히곤 한다.

이런 경향은 현대로 들어서면서 더욱 짙어진다. 과거 스타플레이어를 영입하기 위해 온갖 노력을 기울였던 프로 스포츠 팀들이 이제 훌륭한 감독을 영입하고자 훨씬 더 많은 공을 들이는 것만 보더라도 현대사회에서 리더의 역할이 얼마나 중요한 지를 잘 보여준다.

🌐 권위는 세우는 것이 아니라 세워져야 한다

진정한 카리스마는 큰 소리로 윽박지르거나 억압해서 세워지지 않는다. 만약 그렇게 세워진 권위가 있다면, 그 권위는 매우 한시적이고 제한된 경우에서만 효과를 발휘한다. 언제 등 뒤에서 배신당할지 모른다. 남들보다 높은 자리에 앉아서 대우받기를 원한다면 그 리더는 언제든지 아랫사람에게 자리를 내주고 나올 준비를 해야 한다.

그런 불안감에 시달리기 때문에 자리에 있을 때 더 많은 것을 요구하고, 자신의 심복을 만들기 위해 패거리를 짓고, 부당한 결과물을 자신의 것으로 만들기 위해 권모술수를 아끼지 않게 된다. 이런 삶이 진정 행복할 수 있을까? 이런 팀이 과연 제대로 된 역량을 갖출 수 있을까?

존중받기 위해서는 더 많이 베풀어야 한다. 밥을 사는

것 같이 하찮은 일도 내가 더 많이, 더 좋은 것을 주기 위해 노력해야 한다. 설사 여건이 안 돼서 비싼 것을 주지 못한 다면 마음만이라도 반드시 진정성을 담아서 베풀어야 한다.

이는 고객한테도 마찬가지다. 우리나라 굴지의 대기업 회장님에게 벤츠를 판매한다고 치자. 그분이 내가 하나 드리는 키홀더가 무슨 경제적 도움이 되겠는가? 그러나 작은 것 하나라도 챙겨주는 그 '마음'이 전해지면 되는 것이다.

과거 현대자동차 신입시절부터 나는 사례비를 일절 받지 않았다. 그 시절 익힌 나의 습관 덕분에 나는 훗날에도 좋은 선례를 만들어 갈 수 있었다. 내가 팀장이 되고 상무가 되어도 나의 지인이나 과거 내 고객은 나에게 차를 구입하고 싶어 한다.

나의 고객이지만, 후배들에게 인계하면 후배들은 당연히 나에게 감사의 마음을 표시하고자 한다. 그러나 나는 일절 사양한다. 만약 그런 '성의표시'를 받기 시작하면, 나에게서 고객을 받기 위해 후배들은 파벌을 만들 것이다. 나는 돈을 벌겠지만, 수많은 적을 만들 것이다. 나의 삶이 피곤해지길 원하지 않는다. 나의 일터가 보람과 긍정이 아닌 비방과 네거티브로 얼룩진 공간이 되는 것을 원하지 않는다.

한 번은 명절 때 한 후배직원이 선물로 케이크를 보내왔다. 평소부터 살갑게 지내던 후배인지라 기쁜 마음으로 받았다. 그런데, 그 안에는 백화점 상품권이 들어있었다. 10만 원 권으로 10장. 피식 코웃음이 나왔다.

'이 친구가 나를 이렇게 모르나.'

옆에서 이걸 본 딸애가 환호성을 지르며 자기에게 상품권을 주면 안 되겠느냐며 졸랐다. 나는 웃으며 다음에 사주겠다고 말하고 봉투를 다시 챙겼다.

그리고 며칠 후 그 후배를 다시 만나는 자리에서 봉투를 돌려주었다.

"예끼, 이 사람. 주려면 한 장을 넣었어야지! 좋다 말았잖아!"

물론 농담이었지만, 둘 다 멋쩍은 관계는 피할 수 있었다. 나는 그런 '성의'를 받고도 아무렇지 않게 상대를 바라볼 수 있는 얼굴을 가지지 못했다.

'감사 표시'는 자장면 두 그릇에 탕수육 소(小)자 하나, 그리고 소주 두어 병이면 충분하다. 그렇게 이런 저런 살아가는 이야기를 나누며 돈독한 선후배의 정을 쌓아가는 것이 나에게 훨씬 값진 일이다. 나는 후배들에게 '당당함'을 잃고 싶지 않다. 처절한 상황도 겪어봤으니 궁핍이 무섭지도 않

다. 그러나 사람이라면 마땅히 갖춰야 할 체면이 깎이는 일
은 정말이지 경험하고 싶지 않다.

이 사회에 만연한 도덕불감증이 나는 두렵다. 사람으로
태어나고, 사람으로 교육받았으면 마땅히 부끄러움을 알아
야 한다. 온갖 비리를 저질러놓고 태연하게 아무렇지 않은
듯 살아가는 사람들을 보면 정말 대단하다는 생각이 든다.

하지만, 그런 삶의 태도가 결코 오래가지 못함을 우리는
알고 있다. 그리고 그런 삶을 살다가는 누군가 자신이 정말
아끼는 심복한테 배신당하는 상황을 마땅히 감수해야 한다.

좀 더 풍요롭게 살 수 있을지는 모른다. 그러나 누구도
믿지 못하는 그런 삶의 방식이 과연 행복할 수 있을까?

❀ 돈보다 가치를 추구해야 한다

고대 중국의 혼란기였던 전국시대에는 이름난 네 공자
가 있었다. 초나라 춘신군, 제나라 맹상군, 위나라 신릉군,

조나라 평원군이다. 이들은 자신의 재력으로 단지 일신의 안위를 추구한 것이 아니라 적게는 수십 명, 많게는 수천 명의 식객을 먹여 살리며 각자 나라의 힘을 키우기에 여념이 없었다. 그 중 제나라 맹상군은 식객에게 잘해준다고 정평이 나 있어 수많은 식객들이 몰려들었는데, 모두에게 같은 대우를 해줄 수가 없어 등급을 나눠 대우를 달리했다.

어느 날 풍훤이란 사람이 맹상군에게 몸을 의탁했다. 별다른 재주를 보이지 못했던 풍훤은 하급 숙사에 머물게 됐다.

그리고 열흘이 지나 그의 동정을 물은 맹상군에게 관리인은 풍훤이 땅을 두드리며 노래를 부르고 있다고 알려주었다.

"장검아~ 돌아갈까. 내게는 생선을 주지 않는구나~."

맹상군은 즉시 풍훤의 숙사를 중급 숙사로 옮겨주었다. 그리고 다시 닷새가 지나 맹상군은 다시 풍훤의 동정을 물었다. 풍훤은 역시 노래를 부르고 있었다.

"장검아~ 돌아가자. 밖에 나서려는데, 수레가 없구나~."

맹상군은 즉시 그를 상급 숙사로 올려주고 수레까지 내주었다. 며칠이 지나 다시 그의 동정을 묻자 그는 이번에는 집을 요구하는 노래를 부르고 있다고 했다.

어지간한 맹상군도 그만 어이가 없어지고, 수많은 식객들은 풍훤을 미워하고 멀리하게 되었다.

1년의 시간이 흘렀지만, 풍훤은 제 재주를 보여주지 못한 채 밥만 축낼 뿐이었다.

마침 맹상군의 재력도 수많은 식객을 관리하느라 재정이 한계에 다다랐다. 맹상군은 자신의 영지인 설 땅의 백성들에게 돈을 빌려주고 이자를 받는 사업을 시작했는데, 시간이 지나도 원금은커녕 이자도 제대로 회수하지 못하는 상황이 벌어졌다.

맹상군은 풍훤을 불러들였다.

"선생이 아시다시피 우리가 처한 상황이 어렵소. 선생이 설 땅에 가서 빌려준 돈의 원금과 이자를 좀 받아다 주실 수 있겠소?"

어려운 임무였지만, 풍훤은 흔쾌히 수락했다.

"그동안 맹상군 덕에 잘 지냈는데, 당연히 해 드려야죠. 헌데, 돈을 회수하면 무엇을 사오는 것이 좋겠습니까?"

"글쎄요……. 얼마가 걷힐지 모르는 일이니, 우리 집에 부족하다 싶은 것을 파악해서 알아서 사 오시도록 하세요."

그는 설 땅에 도착해 원리금 회수에 들어갔지만, 엄청난 돈을 모두 회수할 수는 없었다. 풍훤은 일부 걷힌 돈을 가지고 술과 고기를 산 후 채무자들에게 포고령을 내렸다.

"이자를 갚은 자나 그렇지 못한 자나 돈을 빌린 자는 모두 차용증을 들고 모여라."

채무자들이 한 자리에 모이자 그는 잔치를 벌였다.

"맹상군께서는 돈을 빌려주면서 그대들에게 생업자금으로 쓰게 할 의도였네. 그리고 이자로는 나와 같은 식객을 거두고 계시지. 나는 일일이 차용증을 대조해 돈을 갚을 수 없는 자와 갚을 여력이 되는 자를 분류하였네. 이미 여력이 되는 자들에게는 이자를 징수하였으니, 그대들은 모두 차용증을 불태우고 술과 고기를 마음껏 들게. 대신 맹상군의 은덕을 절대로 잊어서는 안 되네."

채무자들은 진심으로 맹상군에게 충성을 맹세했다. 이 소문은 맹상군의 귀에 빠르게 들어갔다. 맹상군은 화가 나고 어이가 없을 따름이었다.

풍훤이 돌아온 뒤 맹상군은 짐짓 모르는 척 풍훤을 떠보았다.

"채권과 이자는 모두 회수하였습니까? 그 돈으로 무엇을 사 오셨습니까?"

풍훤은 태연하게 말했다.

"맹상군께서 이 집에 필요한 것을 사오라 하셨습니다. 그리하여 제가 살펴봤더니 이 집에는 진귀한 보화가 가득 찼고, 살찐 가축들이 즐비하며 후궁에는 미녀들이 우글거립니다. 딱히 부족한 것이 없어 보여 저는 '의(義)'를 사왔습니다."

맹상군은 미간을 찌푸리며 말했다.

"그렇다면 몇 푼의 이자를 제외하고는 채권액을 모두 탕감했단 말이오!"

"채무자들의 형편을 살펴 이자를 갚을 수 있는 자에게는 10년의 기한을 주고 이자와 함께 원금을 갚도록 했습니다. 그러나 이자조차 낼 수 없는 형편에 있는 자들은 10년을 독촉해 봐야 이자만 늘어날 뿐, 그들에게서 돈이 나올 가능성은 희박합니다. 이들을 닦달해봤자 산에 들어가 산적이 되거나 멀리 알 수 없는 곳으로 떠날 뿐이지요. 결국 돈을 회수할 길은 없습니다. 그럴 바에 아예 이들의 부채를 탕감해주고 충성심을 높이는 것이 가장 효과적인 방법이었습니다."

맹상군은 딱히 할 말이 없었다. 구구절절 옳은 말이었기 때문이었다. 돈을 잃고 민심을 사온 풍훤의 판단은 옳았다. 충성심이 높아진 설 땅의 백성들은 이전보다 더 열심히 일해 더 많은 세금을 냈고, 제나라에서도 가장 방비가 튼튼한 지역으로 거듭나 제나라의 국력을 한껏 높여주었던 것이다.

재물은 말 그대로 쓰고 나면 없어진다. 하지만 그 재물을 이용해 사람의 마음을 사게 되면 훨씬 큰 값어치를 남기게 된다.

내가 후배들에게 누누이 강조하는 것은 자기 자신을 위해 재물을 사용하기보다, 남을 위해 사용했을 때 훨씬 많은 기회가 찾아온다는 사실이다. 자신의 재물을 움켜쥐고 전전긍긍하는 삶을 살기보다 내 것을 나누고 누구를 만나든 마음 편하고 당당한 모습으로 살아가는 게 훨씬 현명한 방법이다.

누구나 아는 이 사실을 실천하는 이는 많지 않다. 그러나 조금의 용기만 내 보면 그다지 어렵지 않게 실천할 수 있다. 문제는 우리의 욕심이 너무도 오랜 시간 습관처럼 굳어져 있다는 점이다.

● 정보력을 조심하라

권력을 가지고 싶어 하는 사람이 많다. 특별히 권세욕이 강한 사람은 조직에서 독보적인 존재가 되고 싶어 한다. 이 때문에 사람들을 조직해 자신만의 사람을 만들고 남이 가지지 못한 정보를 혼자 독차지하려 한다. 조직에서 정보를 장악한다는 것은 곧 권력을 장악하는 것과 같기 때문이다.

동서고금을 막론하고 정보의 장악이 곧 권력과 밀접한 연관이 있다는 것은 누구나 아는 일이다. 남은 알지 못하고, 나만이 아는 상황을 은근히 즐기며 이를 자랑하고 싶어 하는 사람들도 많다. 더구나 현대에 이르러 정보의 중요성은 그 어느 때보다 커졌다.

이 얼마나 매력적인가. 사내에서 남들이 쉽게 접하지 못하는 고급정보를 소유하고 있다는 것이. 더구나 고위직으로 올라갈수록 정보를 취급할 수 있는 권한이 커지기 때문에 자연스레 신분상승의 의미로 다가오기도 한다. 자신이 가진 정보를 은연중에 자랑하며 은근히 다른 사람에게 자신의 세를 과시하는데 사용하기도 한다.

특별히 친한 후배들에게 자기들끼리만 공유하는 정보를 토대로 유대감을 형성하고, 이 그룹에 끼지 못하는 사람을 바보로 만드는 것은 매우 간단하다. 이를 이용해 자신의 권력을 유지하는 상사들이 꽤나 많다.

그러나 정보력을 토대로 자신의 가신집단을 만들고, 그들로부터 충성을 이끌며 특별한 권한을 누리려고 하는 사람은 반드시 외부로부터 견제를 받게 된다는 사실을 잊지 말아야 한다.

나를 비롯한 현대자동차 특수영업부 출신이 30년 한성자동차의 역사를 함께 해온 것은 이런 권력욕에서 자유로웠기 때문이 아닐까, 라는 생각을 해 본다. 이들은 자신의 업무 분야에서 최선을 다하면서 회사의 대외비에 접근하려는 노력을 기울이지 않았다. 그 결과 각자 자신이 맡은 영역에서 한성자동차의 최고 장인 반열에 올라섰다는 평가를 받지만, 이들이 직접 회사의 권력을 좌지우지 한 적은 한 번도 없었다.

정보를 독점하는 것은 아주 달콤한 유혹이다. 그러나 그 유혹은 치명적인 양면성을 가지고 있다. 잘 활용한다면 아주 효과적인 조직의 통제 수단이지만, 열에 아홉은 정보 독점이라는 달콤한 유혹에서 헤어 나오지 못한다. 자신이 없다면 아예 정보독점이라는 달콤한 유혹에 빠지지 않는 것이 좋다.

모든 이들과 두루 친하게 지내며 차단할 필요 없이 허심탄회하게 속사정을 나눌 수 있다면 그 얼마나 좋은가? 쓸데

없는 힘을 가지겠다고 다른 이를 소외시키는 것은 결코 바람직하지 못할 뿐만 아니라 누군가에게 공격당할 빌미를 만들게 된다.

내가 A라는 사람에게 좋은 말을 했다면 사람들은 A가 좋은 사람이라고 여김과 동시에 나의 인품을 칭찬할 것이다. A 역시 나를 진심으로 믿고 따를 것이다. A 모르게 뒤에서 그를 소외시키는 험담을 한다면 은연중에 모두가 등을 맞대고 험담을 하는 문화가 만들어진다. 급기야는 조직이 여러 갈래로 나뉘게 된다.

초창기 한성자동차를 이끌어 왔던 주역들은 기껏해야 몇십 명의 조직이었기 때문에 이런 상황이 벌어지지 않았다.

그러나 1,200여 명의 임직원을 헤아리는 오늘날의 상황에서는 각 조직단위로 직원들이 분리되는 일을 막아야 한다. 한성자동차의 기본 이념인 '인화(人和)'의 정신을 이어가지 못한다면 우리가 그동안 누렸던 막강한 단합의 힘은 온데간데없이 사라질 것이다.

고객한테 뿐만 아니라 내부 직원들끼리 진정성으로 대하는 태도, 실적을 넘어 내부직원의 팀워크를 살리는 일은 매우 중요하다.

현실적으로 상사에게 자신의 힘을 과시하는 하극상은 일어나기 힘들다. 그러나 자신이 정보력을 가지고 있다고 상사를 무시하거나 동료와 후배에게 힘을 행사하려는 태도는 매우 잘못된 것이다. 내가 회사에 발을 담그고 있는 한 이런 원칙만큼은 끝까지 지켜나갈 것이다.

정보는 매우 위험한 힘이다. 겉으로 드러나지도 않고, 알게 모르게 주변을 규합하다가 어느 샌가 막강한 파벌을 형성한다. 위험한 만큼 매력적이다. 이 힘을 제어할 자신이 없거든 애초에 소유하지 못하도록 해야 한다. 회사에서 흘러나오는 정보를 공유하고, 다 함께 이용할 수 있도록 해야 한다. 진정한 존경심은 여기에서 우러나올 수 있다.

춘추전국시대 위나라의 실력자인 신릉군이 왕과 바둑을 두고 있었다. 그때 국경에서 잇달아 봉화 연기가 치솟았다. 이웃 조나라가 전쟁을 일으키려 한다는 의미였다. 이에 놀란 왕은 바둑돌을 팽개치고 급히 중신 회의를 소집하겠다고 일어섰다. 그러자 신릉군은 왕을 안심시키며 말했다.

"왕께서는 걱정하실 필요가 없습니다. 이는 조나라 왕이 사냥을 나가기 위해 군사를 소집한 것이지, 국경을 침범코자 함이 아닙니다."

이윽고 전령이 당도해 왕에게 보고했다.

"조금 전 봉화는 잘못 올린 것입니다. 이웃 조나라 군사 소집은 왕의 사냥을 위함이었음이 밝혀졌습니다."

왕은 놀란 표정으로 신릉군에게 물었다.

"그대는 어찌 그리 내막을 빨리 알 수 있었는가?"

이에 신릉군은 짐짓 거드름을 피우며 말했다.

"별 것 아니옵니다. 조나라 궁정뿐 아니라 이웃 나라 궁정에 제가 풀어놓은 세작(細作, 첩보원을 이르는 말)들이 제게 이웃나라의 동태를 매일같이 보고하고 있습니다. 왕께서는 심려하지 않으셔도 됩니다."

신릉군은 왕에게 안심시키려 한 말이었겠지만, 위나라 왕은 이후 신릉군을 정치에서 소외시키기 시작했다. 이웃 나라 왕실에서 벌어지는 일까지 소상하게 알고 있는 신릉군 이 자기 나라 궁정에서 벌어지는 일을 모르겠는가? 아마도 위왕은 그 순간 꼭두각시가 된 기분을 넘어 심한 모멸감까 지 느꼈을지도 모른다.

타인에게, 특히 상사에게 자신의 정보력을 자랑해서는 안 된다. 그 정보는 본인에게 독이 될 가능성이 크다.

● 새로운 임지를 품다

2003년은 회사나 나 개인의 차원에서도 여러모로 의미가 큰 해이다. 한국에 MBK(Mercedes Benz Korea)가 진출한 것이다. 그동안 독일 벤츠 본사로부터 직접 차를 공급 받아 한국 소비자들에게 판매하던 방식에서 이제는 MBK로부터 차를 공급받아야 하는 상황으로 바뀌었다.

나는 2003년 MBK가 설립되던 해 이사로 진급했다. MBK가 들어오면서 2002년 12월부로 전 직원의 퇴직금 중간 정산이 있었다. 나는 그해 퇴직금을 받아 살고 있던 집의 전세금과 은행 융자를 더해 내 집을 마련할 수 있었다. 참으로 굴곡 많은 삶이 이제 제 궤도를 찾아가는구나 싶어 마음이 뭉클했다.

2003년 8월, 반포 본사전시장으로 발령이 나 지점장으로서의 새로운 업무를 시작했다. 나는 두려울 것이 없었다. 전투력 최강인 나의 후배들이 있지 않은가. 실제로 반포전시장에서 나는 당시 최고의 지점으로 손꼽히는 강남과 삼성에 비해 절대 뒤지지 않는 판매실적과 경쟁력을 보여줬다.

여기에서 걸출한 스타 하나를 또 한 명 발굴해 낸다. 4

대 영업왕으로 확고하게 자리매김한 신동일 현 이사다. 그는 독특한 자신만의 기업형 영업망을 구축하면서 10년이 넘게 벤츠 판매 1위를 놓치지 않은 독보적 인물이다. 그가 처음 나를 만나 벤츠영업을 하겠다는 의사를 밝혔을 때 나는 그를 만류했었다.

그는 잘나가는 대기업의 직원이었고, 남부럽지 않은 안정적인 자리를 유지하고 있었다. 그런 그가 때론 고객응대에 자존심을 구기거나 수많은 변수와 싸워야 하는 벤츠 영업을 해낼 수 있을까 하는 의문이 들었기 때문이다. 차 세일즈에 대한 경험도 전무하고 적지 않은 나이였다.

그러나 그는 포기하지 않았다. 전화로, 직접 방문해서 나를 설득하기를 멈추지 않았다. 결국 그의 끈기가 나를 감동시켜 그를 받아들이게 됐다.

물론 처음 6개월 동안은 실적도 나오지 않는 지루한 싸움이었다. 그러나 주위 선배의 경험과 자신의 창의력을 결합시켜 나가더니 급기야는 최고의 판매왕 자리에까지 오른 것이다.

올해 2월 워커힐에서 열린 MBK Award에서 그는 10년 연속 판매 1위를 달성한 소감으로 '제일 먼저 정만기 상무님께 감사를 표한다. 정 상무님은 내 인생의 은인'이란 말을 함으로써 나를 뭉클하게 만들었다.

나는 후배직원들에게 평소 '미쳐야(狂) 미친다(及)'라는 말을 자주 해 왔는데, 신 이사는 이 말을 제대로 실천한 인물 중 하나다.

신 이사는 특이한 이력의 소유자다. 대기업의 잘나가는 샐러리맨 출신이기도 하지만, 그 전에 그는 국가대표 스키선수였다. 그는 주어진 자신의 위치나 이력, 그리고 주변 사람들은 영업에 적절히 잘 활용함으로써 최고의 성과를 올리고 있다.

자신의 이력을 활용해 자신의 중요한 고객 자녀들에게 스키 강습을 하는 열의를 보여주기도 하고, 본인의 작은 아버님이 운영하는 황태 덕장에서 매년 생산되는 최고 품질의 황태를 선별해 고객들에게 명절 때마다 인사를 한다.

스스로 개발한 영업시스템은 획기적이다. 자신의 고객들에게 24시간 A/S응대를 하는 등 남들은 생각하지 못했던 것을 계발하고, 실행한다. 그런 남다른 열정과 아이디어가 그를 최고 실적의 영업왕으로 만들었다.

과거와 영업환경이나 방법이 많이 달라졌고, 조직도 차이가 나기 때문에 누가 최고의 영업왕이냐는 평가는 섣불리

내릴 수 없다. 하지만, 나는 감히 자부할 수 있다. 한성자동차를 이끌어 온 역대 최고의 영업맨들은 모두 정만기와 함께 울고 웃으며 함께 해 온 사람들이란 것을.

● 회사와 함께 커 나가는 기쁨

2007년 나는 상무로 진급했다. 일선에서 열심히 뛰고, 팀을 맡아 후배들을 독려하던 시기를 지나 이제는 회사가 돌아가는 전체 판세를 읽고 관리해야 하는 입장이 된 것이다.

그동안 한성자동차는 눈부신 성장을 이뤄내고 있었다. 맨 처음 초창기 멤버로 한성자동차에 입사해 10여 대를 팔았던 기쁨도, 벤츠를 한국에 뿌리내리면서 한 해 1,000여 대씩 팔던 중흥기도, IMF를 겪으면서 뼈아픈 구조조정을 거친 기억도 모두 나와 함께 했다.

2008년에는 다시 강남전시장으로 돌아갔다. 이번에는 지점장으로서 대한민국 벤츠 영업의 심장이라 불리는 곳에 부임한 것이다. 감회가 새로웠다.

그러나 호사다마라고 했던가. 좋은 일이 계속되었음에도 불구하고 나는 어머니 상을 당하는 비운을 겪었다.

20개월 동안의 강남전시장 지점장을 마치고 2009년 다시 방배 본사전시장으로 돌아왔다. 방배전시장은 본사라는 상징성이 큰 곳이다. 비록 강남이나 삼성과 같은 최고 매출을 올리지는 못하지만, 어려운 시기 뭉친 팀워크의 전통이 살아있어 화합이 잘 되는 곳이다. 이 때문에 이직률이 낮은 전시장이기도 하다. 나는 2년 동안 방배전시장의 지점장을 마치고 2011년 같은 건물의 본사 영업본부장으로 자리를 옮겼다.

2011년에는 독일인 사장님이 부임했다. 항상 현장을 중요시하고 시간관리가 철저한 분이다. 'Retail은 Detail'이라는 그의 말은 나의 마음에 와 닿았다. 회의시간을 잡을 때도 사장님은 항상 분 단위로 시간을 잡는다. 별 것 아닌 것 같지만, 이런 사소한 것을 지키는 데에서 진정한 명품의식이 자리 잡게 된다.

회사는 최근 몇 년 동안 비약적인 발전을 이루었다. 2014년 한 해에만 1만 5,000대가 넘는 판매를 이루었고,

1조 원을 훨씬 뛰어넘는 매출, 1,200여 명의 임직원, 전국 11곳에 이르는 전시장을 아우르는 규모로 성장했다.

한성자동차의 30주년이 되는 2015년에는 3개 전시장이 새로이 문을 열고, 수원에 업계 최대의 정비공장이 들어섰다. 명실상부한 대한민국 벤츠 딜러의 최고봉이라 말할 수 있다.

이제 다가올 2020년에는 매출 및 인적자원, 지점 네트워크 등이 현재의 두 배에 이를 것이라는 전망이 나와 있다.

'호황기에 위기를 대비해야 한다.' 말처럼 현재의 실적과 성장에 도취해 있으면 안 된다. 위기는 항상 예고 없이 찾아오는 법이다. 항상 인사관리와 회사의 분위기를 면밀하게 체크해야 할 필요를 느낀다.

❀ 자신만의 '브랜드'가 필요하다

2011년, 나는 본사 영업본부장으로 자리를 옮기면서 새로 부임한 독일인 사장님과 수없이 많은 출장을 다녔다. 마케팅 박사인 사장님은 하루빨리 한성자동차의 영업망을 파악해야 했고, 영업본부장의 직책을 새로 맡은 나로서도 하나의 전시장을 넘어 전국의 영업조직을 관리해야 할 필요가 있었기 때문이다.

비록 언어의 장벽이 가로막혀 있었지만, 사장님과 함께 나눈 대화에서 우리는 많은 부분을 교감했다. 이 시기 함께 전국을 누비고 다녔던 경험으로 우리는 말을 하지 않아도 서로의 의중을 파악할 수 있는 계기를 만들었다.

지금은 함께 할 자리가 많지 않아 일주일에 한 번 정도 한 시간 정도의 대면보고를 통해 의사를 나누고 있다.

최근 사장님과의 대화에서 특별한 말씀을 들었다. '벤츠'라는 세계적 명품 브랜드에 한국에서 판매를 담당하는 '한성자동차'라는 브랜드가 신뢰를 더하고 있기 때문에, 한국에서 벤츠 판매의 새로운 지평이 열린다는 이야기다. 거기에 덧붙여 한성자동차에는 '정만기'라는 영업인의 브랜드가 있다고 말씀을 해주셔서 가슴이 뭉클했다.

회사에서 나에게 이렇게 좋은 평가를 받고 보니 너무 기분이 좋았고, 그동안의 나의 노력에 대한 보상을 받은 것 같았다. 나의 영업노하우와 진정성에 대한 마인드를 사장님은 4년이라는 시간이 지나 처음으로 나에게 표현해 주신 것이다.

사장님은 지난 나의 삶의 굴곡도 모두 알고 있었다. 그런 롤러코스터 같은 인생을 살아왔기 때문에 다른 사람의 어려움을 자기 것인 양 함께 느낄 수 있고, 그런 자세가 영업에도 많은 도움이 되었을 것이라고 인정해 주었다. 그리고 현재 관리자로서 직원들의 마음을 헤아리는 진정성이 분명 빛을 낼 것이라고 평가해 주신다.

누구보다 합리적인 자세로 경영에 임하는 사장님의 스타일을 잘 알기 때문에 이분의 안목을 아니라고 손사래 치긴 어렵다. 다만 그렇게 인정해 주는 직장 상사가 있다는 것에 감사할 따름이다.

낯부끄러움을 무릅쓰고 이 인터뷰를 밝히는 이유는 이분의 말씀 속에 들어 있는 '자신만의 브랜드'를 만들라는 이야기 때문이다. 누구나 자신만의 색깔로 영업 전략을 짠다. 그러나 그 영업 전략이 시대와 대상에 따라 달라진다면 일관성을 기대하기 어렵다.

자동차 딜러로서 영업인의 삶을 오래 지속하기 위해서는 자신만의 통일된 이미지를 만드는 것이 중요하다. 그래서 누군가 A라는 사람을 떠 올렸을 때, '아, 그 사람 참 OO한 사람이지!'라는 평가가 나와야만 한다.

앞서 말했듯이 영업인은 움직이는 영업사무소다. 자신의 경쟁력을 높이기 위해 자신만의 색깔을 찾고, 브랜드화하는 것은 무엇보다 중요한 일이다.

··· 내가 가진 가장 소중한 것, 가족

어느 누구라도 그렇겠지만, 나의 삶은 나의 능력이나 나의 의도만으로 이뤄지지 않았다. 나는 남들보다 뛰어난 머리도, 체력도, 운도 갖추지 못했다. 단, 나에게 축복처럼 주어진 것이 있다면, 바로 사람이다.

수없이 많은 사람들에게 은혜를 입었지만, 그 중 단연 최고는 가족이다.

나에겐 아내가 있었기에 실패해도 쉴 곳이 있었다. 아내는 무언가 해보려는 의욕이 생길 때 내 뒤를 지켜주는 든든

한 성이었다.

17년 동안 하루도 거르지 않고 새벽기도를 올리는 아내의 모습을 보면 어떨 때는 '진짜 부처가 있다면 저 모습이겠거니'라는 생각이 든다. 술이 과한 날 드르렁드르렁 코를 골며 자는 나의 모습을 물끄러미 바라보는 아내의 모습이나 기도를 올리는 모습을 보는 것이 좋아서 나는 실눈을 뜨고 자는 척하며 그 모습을 한참동안 바라본 적도 있다.

4남 1녀 중 4남임에도 불구하고 부모님은 우리 집에서 지내는 것을 좋아하셔서 아내는 부모님이 돌아가실 때까지 끝까지 모셨다. 만약 윤회가 있다면, 나는 다음 생에 아내에게 진 빚을 갚도록 태어나야 할 것이다.

아들과 딸은 나의 분신이자 더없이 좋은 친구다. 딸은 어려서부터 아빠의 친구역할을 충실히 해 줬다. 이렇게 의 좋은 부녀가 있을까 싶을 정도로. 남들은 사춘기 때 부모와 담을 쌓고 산다는데, 우리 딸은 아빠를 먼저 끌고 동네 공원으로 데이트를 나갈 정도로 살가웠다. 내가 한참 어려웠을 때 딸의 이런 모습은 나에게 큰 힘이 되었다. 현재 출가를 했음에도 딸은 우리 집 근처에서 살면서 아빠에게 좋은 친구가 되어주고 있다.

2012년 초, 눈에 넣어도 아프지 않을 것 같은 딸이 자신의 배필감을 데리고 인사를 왔다. 자기가 좋아하는 사람이라고 우리 부부에게 인사 시키는데, 듬직하고 책임감이 있어 보였다.

　　천생연분이거니 하면서 그해 9월에 결혼을 시켰다. 2014년 2월 너무나도 예쁜 손녀딸이 태어났다. 이름을 '지효'로 정했다. 현재 우리 집 근처에 살면서 평일에 매일같이 우리 집에 마실을 온다. 지효가 "하부지, 하부지" 하면서 얼마나 재롱을 떠는지 정말 사는 재미가 쏠쏠하다. 지효가 얼마나 영리하고 똑똑한지 이다음에 커서 한 인물 할 것 같다.

　　어른들이 말하기를 자식 보다 손자가 더 예쁘다고 하던데 정말 그렇다. 어려서는 아빠의 쓸쓸함을 달래주었던 딸이 이제 예쁜 외손녀를 낳아 큰 기쁨을 주고 있다. 아마도 우리 딸은 내가 죽을 때까지 우리 집 근처에 살면서 아빠를 즐겁게 해줄 것이다.

　　아들은 좀 특별한 경우다. 때로는 아들이 어렵기도 하다. 그것은 나의 모습을 지나치게 빼닮아서이기도 하고, 나와는 전혀 다른 판단과 결정을 내리기도 하기 때문이다.

　　어쨌든, 나는 그를 존중한다. 아들은 머리가 좋고 자기가 원하는 바를 확실히 추진하는 능력이 있다.

나는 그런 아들을 믿고, 바라보며 응원할 뿐이다. 미안하게도 나는 아들과 딸이 한창 사춘기를 겪을 때 인생의 고배(苦杯)를 마시고 있었기에 못해준 것이 너무 많았다.

다른 아이들이 사교육의 도움을 받을 때, 우리 아이들은 사교육은커녕 제대로 된 공부방, 책상조차 없었다. 그럼에도 크게 엇나가지 않고 자기의 자리를 잘 지킨 아이들이 너무나 대견하다.

아들은 열심히 공부해 서울대 건축과에 입학했다. 난 서울대생의 아버지가 됐다. 그동안 내가 못했던 일을 일시에 보상받는 것 같이 몹시 뿌듯하고 기분이 좋았다. 서울대를 졸업한 후, 성균관 대학원에서 공부를 마치고 현재는 S그룹에 입사하여 중국에서 파견근무를 하고 있다.

2014년에는 같은 사무실에 근무하는 착하고 예쁜 색싯감을 만나 12월에 결혼했다.

올해 10월에 예쁜 딸을 건강하게 순산하여 우리 부부에게 또 한 번 기쁨을 안겨 주었다. 손녀의 이름은 '은하'다. 요즘은 며느리가 무럭무럭 자라는 손녀딸의 모습을 스마트폰으로 보내주어, 손녀딸 보는 재미에 푹 빠져 산다.

아들이 서울대에 입학하던 해 때마침 그해에 나는 회사에서 이사로 진급을 하여 겹경사가 났다.

주위의 친구들부터 시작해 지인들이 한턱 쏘라고 난리가 났다. 친인척이나 회사 직원들에게도 밥도 사고 술도 사며 즐거운 나날이 이어졌다. 특히 오랜 시간 함께 했던 고향 친구들은 서울에서 제일 비싼 곳에서 한 턱 내라며 성화가 보통이 아니었다.

나와 아내는 집으로 약 20여 명을 초청하기로 하고, 이 것저것 준비하느라 정신없는 나날을 보냈다.

온갖 산해진미를 마련해 산지에서 직접 올려 보냈다. 잔치도 이런 잔치가 없다 싶을 정도였다. 욕심이 넘친 잔치였지만, 준비하는 내내 행복했다.

몇 년 동안 아껴 두었던 양주도 이날 과감하게 풀었다.

아들이 서울대에 합격하고, 내가 이사 진급을 하던 2003년. 우리 집에 모여 동네잔치를 하던 당시의 중화동 '그들'.

시중에서 쉽게 접하지 못할 최고급 양주를 한꺼번에 8병이 나 내놓으니, 친구들은 준비해 놓은 다른 술은 거들떠보지 도 않았다.

평상시 술을 못하는 친구들도 너도나도 덤벼들어서 양 주만 다 거덜이 났다. 이날의 잔치를 위해 꽤 많은 돈이 들 었지만 기분이 너무 좋았다. 인생 살면서 이럴 때 안 쓰면 언제 쓰겠는가?

기쁜 일이 있을 때 아낌없이 나눠야 한다. 자기 것을 움 켜쥐며 아끼다가는 결코 그 재물은 나에게 다시 돌아오지 않는다. 쓰면 그뿐인 것이다. 그러나 내가 기분 좋게 나누 며 함께 즐거움을 누리면 재물과 친구는 내 주변에 자연스 레 모인다. 그날 잔치에 함께했던 오랜 친구들은 누구나 진 심으로 우리 아들의 서울대 입학과 나의 진급을 축하했다.

좋은 음식과 술을 함께 나누며 함께 즐거움을 나누는 것. 세상에 이보다 즐거운 일이 어디에 있겠는가?

● 중화동엔 '그들'이 산다

내가 살던 동네는 과거 서울이 아니었다. 경기도 양주군 구리면 중하리였던 시골 동네는 내가 국민학교를 다니던 1963년 서울시 동대문구로 편입됐다. 서울'특별시'의 일부가 된 중화동은 그 후 엄청난 변화를 겪었다.

천둥벌거숭이들이 벗고 뛰놀던 작은 하천은 덮여 아스팔트 도로가 되었다. 논과 밭이 전부였던 마을은 이제 번쩍번쩍한 건물들이 들어섰다. 간신히 버스 몇 대 다니던 신작로는 온데간데없고, 이제 수많은 사람들이 땅 밑으로 지하철을 타고 다닌다.

중화역 인근의 버스정류장 이름은 '가게 앞'이다. 버스 정류장 이름이 '가게 앞'이니 의아해 하는 사람도 많다. 세상 천지에 흔한 게 가게인데, 버스 정류장 이름을 이렇게 지어놨으니 의구심을 가질만하다. 그러나 이 정류장 이름은 꽤나 오랜 역사를 가졌다.

내가 어린 시절 우리 집은 가게를 했었다. 그때만 해도 오늘날 중화역 일대는 말 그대로, 허허벌판, 논과 밭이 전부였다. 그때 우리 집에서 운영하던 길가 가게에 버스가 섰고, 그래서 정류장 이름이 '가게 앞'이 된 것이다. 벌써 반백

년이 지난 일이다.

정신없이 살아가는 세월의 빠름 속에 옛 기억은 언제 그랬냐는 듯 잊혀지기 일쑤다. 예전에 냇가에서 함께 고기를 잡거나, 밤 소나기가 그친 뒤 일제히 떠오르던 반딧불이의 추억은 이제 세월과 함께 희미해졌다. 물론 변하지 않은 것도 있다. 한 자리에서 40여 년의 세월 동안 영업을 하는 다방이 있고, 이 동네를 흐르는 정겨운 분위기 역시 과거와 별반 다르지 않다. 아무리 외지인들이 이 동네를 점령한다고 해도 원래 '중하리'가 가지고 있던 분위기는 변화시키지 못한다.

나는 중화동을 떠날 수 없다. 한창 어려운 시기를 겪었던 몇 년간 인근의 상계동에서 살았던 것을 빼고, 나는 내가 나고 자란 중화동 일대를 벗어나 본 적이 없다. 지금도 가끔씩 이사 얘기가 나오면 아내는 웃으며 내게 말한다.

"당신이 중화동을 떠날 수 있겠어요?"

아내의 말은 바로 '그들' 때문이다. 비록 중화동은 지난 50여 년 동안 엄청난 변화를 겪었지만, 중화동에서 나고 자란 나의 친구들은 그 많은 세월이 지났음에도 아직도 이 동네에 뿌리를 박고 살고 있기 때문이다.

오늘날 한국 사회처럼 이동이 잦은 사회는 세계적으로 찾아보기 힘들다. 지방에서는 앞 다퉈 서울로 상경하고, 서울에서도 치솟는 집값과 직장의 이동 때문에 한 지역에 오랜 기간 살아가는 사람들은 거의 없다.

이런 점에서 봤을 때 나의 국민학교 동창들은 조금 특이하다. 동창들 중 상당수의 친구들이 아직도 이 지역에서 살고 있을 뿐만 아니라, 50여 년에 이르는 세월 동안 함께 만나서 부대끼며 변함없이 그때 그 시절 '국민학생'의 의식과 친분으로 살아가는 것이다.

나이가 환갑이 지나고 사회적으로 각자의 위치가 있으며, 집안에서는 이미 할아버지가 된 친구들이 아직도 예전 국민학교 꼬맹이 시절 서로 장난치며 놀던 기억으로 살아가고 있는 것이 신기하고, 또 소중하다. 노는 수준이 딱 '국민학생'(어떤 이들은 유치원생이라고도 한다.)인 중늙은이들이 만나서 소주 한 잔에 아웅다웅하는 모습은 참으로 가관이다.

아마도 이런 모습을 회사 사람들이나 고객들이 본다면 나에 대한 이미지는 많이 바뀔 것이다. 그럼에도 불구하고 나는 한 자리에서 옛 기억을 지켜주는 옛 친구들이 있다는 것이 무엇과도 바꿀 수 없는 소중한 재산으로 생각한다. 화려하고 깨끗하게 정비된 서울의 신시가지들은 살기 편하고,

남들에게 부러움이 될지는 모르지만, 나에게는 맞지 않는 옷일 뿐이다.

그들은 내가 어려움을 겪을 때 아무런 조건도, 약속도 필요 없이 선뜻 나에게 담보보증을 서주기도 했고, 어떤 이유도 필요 없이 그냥 소주 한 잔을 같이 할 수 있는 친구들이기도 하다.

50여 년의 세월 동안 믿음을 쌓아 온 친구라고 한다면 이미 어떤 인연을 넘어서 하나의 가족과 같은 느낌으로 다가오는 것이다. 아직도 우리 중화국민학교 동창들은 한 달에 한 번씩 정기적으로 만나는 모임을 가진다. 물론 그런 모임이야 중요한 것이 아니다. 동네 호프집과 선술집이 우리의 사랑방이니, 아무 때나 불쑥 찾아가면 그뿐이다.

내가 살아가면서 정말 지독한 절망에 빠졌어도 사람을 미워하지 않고, 나의 아픔을 다른 사람 탓으로 돌리지 않은 것은 이들과 같은 나의 옛 친구들이 나에게 심어준 '사람'에 대한 끈끈한 정 때문이다. 아무리 힘든 상황에 처해 있어도 결국 믿고 의지할 수 있는 것은 또 다시 사람뿐이다.

50여 년이 지나는 동안 변한 것은 없었다. 그저 사소하게 풍경 몇몇이 바뀌었을 뿐.

● 잊을 수 없는 소중한 인연들

일생을 살면서 정말 잊을 수 없는 은인이 한 둘 있기 마련이다. 그런데, 그런 은인이 한둘이 아니라 대여섯 명, 십여 명에 이른다면, 뭔가 특별한 삶을 살아온 것이 틀림없다.

나에게 주어진 인적 네트워크는 분에 차고 넘칠 만큼 훌륭하다. 그분들과 인연을 맺어 내가 조력을 받을 수 있었던 것은 다시 생각해 봐도 큰 행운이다. 하지만 그 행운은 거저 얻은 것이 아니라고 생각한다. 나는 누구보다도 바르게 살려고 노력했고, 편법에 물들지 않기 위해 애를 썼다. 때로 나의 욕심이 과해서 낭패를 볼 지라도 나의 그런 성격은 고비마다 훌륭한 역할을 해 주었다.

나의 삶에서 큰 인연이 만들어진 계기는 두 곳이다. 현재 몸을 담고 있는 한성자동차에서 만들어진 인연, 그리고 과거 나의 젊은 시절 만들어져 지금까지 이어져 온 현대자동차 시절의 인연.

먼저 한성자동차에서의 인연을 언급하자면, 최고의 은인으로 김성기 명예회장님을 꼽을 수 있다.

김성기 한성자동차 명예회장님은 나를 두 번이나 한성 자동차에서 근무할 수 있도록 뽑아주신 은인이다. 대한민국 의 수입차 업계는 이분으로부터 시작됐다. 진정한 수입차 업계의 대부라고 말할 수 있다.

김성기 회장님이 없었다면 나의 삶은 어떻게 되었을까? 대우국민차의 수렁에서 벗어나지 못한 채 폐인이 되었을 것 이다. 나를 항상 노력하게 했고, 잘못된 판단으로 늪에서 허우적거릴 때 손을 내밀어 주신 분이다.

또한 나에게 있어 항상 신뢰와 고마운 조언을 해주시는 회장님과 사장님은 한성자동차의 한국적인 영업마인드의 장점과 외국계 기업의 합리적인 경영스타일이 접목되는 데 매우 큰 역할을 하신 분들이다.

회장님은 처음 전무로 부임했을 당시부터 현재까지 본 인이 철저히 한국 현지화를 위해 부단히 노력하신 분이다.

한국 음식은 물론, 한국인의 마인드까지 철저히 습득하 는 데 게을리 하지 않았고, 그 결과 한국인의 특성과 한국 시장에 대한 이해가 누구보다 빠르다. 어쩌면 우리가 스스 로의 오류를 잘 보지 못하는 부분을 외국인의 입장에서 더 잘 볼 수 있다고 생각된다.

사장님은 철저히 합리적인 경영으로 한성자동차의 체질

을 단단하게 만들었다. 세밀한 부분까지 철저히 체크하는 경영방식을 견지한다. 이는 자칫 풀어지기 쉬운 조직문화를 다잡고, 유연하고 정에 치우친 한성자동차의 전통과 어울려 좋은 상보 효과를 내고 있다. 현장 경영을 중시하는 스타일이기 때문에 각각의 직책을 가진 직원들을 두루 만나면서 현장의 의견을 경청하는 자세는 전 직원이 소통할 수 있는 계기를 만들어준다.

이건웅 사장님은 인생살이의 대선배님이다. 사회생활을 하면서 이분으로부터 많은 지혜를 얻었다. 업무할 때는 물론이고, 여가를 어떻게 보내야 삶의 활력과 기회를 얻게 되는지도 깨우쳐 주시곤 한다.

현대자동차 시절의 인연은 나에게 아련한 고향 같은 이미지다. 세월이 지나도 결코 잊을 수 없는 은인이자 마음의 안식처다.

김수중 전 현대자동차 사장님은 나의 사회 초년을 이끌어주신 고마운 분이다. 내가 현대자동차 사무직으로 사회생활의 첫 발을 디딜 때부터 나를 각별히 아껴 주셨을 뿐만 아니라 영업직으로 전환해주신 덕에 내 인생에서 적성에 맞는 진로를 찾을 수 있었다.

고 권창현 현대자동차 특수영업부 부장님도 내게 삶의 길을 제시해 주신 분이다. 이분 덕에 한성자동차에 몸담을 수 있었다. 자신의 부서가 아님에도 나를 유독 아끼셨던 추억이 항상 가슴속에 따뜻하게 자리 잡고 있다.

송중천 원모터스 부사장은 현대자동차 특수영업부 출신으로, 나와 인연이 깊다. 내가 한성으로 이직하는데 결정적 역할을 하신 분이다. 지금까지 일생의 친분을 이어오고 있다.

정용상 사장은 한성자동차 전무를 거쳐 현재 벤츠 부품 대리점을 운영하고 있다. 내가 대우국민차 사업의 수렁에 빠져 힘겨운 나날을 보내고 있을 때 나에게 위로와 용기를 북돋아 준 은인이다. 나를 친동생처럼 대해주면서, 죽을 때까지 잘 지내자고 하시는 분이다.

고(故) 이경수 박사는 성모병원에 재직하시면서 항상 나의 뒤를 봐 주셨다. 아플 때나 건강할 때나 한결같이 나의 안부를 걱정해 주시고 진정한 나의 조력자가 되어주신 분이다.

내가 인생의 멘토라 부를 수 있는 분은 바로 이경수 박사다. 이분이 돌아가셨을 때, 나는 한 달이나 정신을 차리지 못할 만큼 큰 충격에 빠졌었다.

오래 전부터 함께 해 온 후배들이 최근 한 자리에 모여 회포를 풀고 있다. 지금은 모두 가는 길이 다르지만, 과거의 추억을 공유하는 이들은 가끔씩 함께 모여 지난날의 기억을 함께 나눈다.

　나의 영업마인드를 이어받아 꾸준히 가치를 실현해 내고 있는 후배들도 진정으로 자랑스럽다. 이들이 벤츠 영업왕이 된 것은 결코 우연이 아니다. 부단한 자기갱신과 열정, 그리고 좋은 전통을 지켜 나가려는 마음이 한데 어우러진 결과다.

　김재영 상무와의 인연도 깊다. 현재 서울 삼성전시장의 지점장으로 근무하고 있다. 내가 아는 최고의 아이디어 뱅

크이자 판단과 실행력이 매우 뛰어나 함께 일을 도모하기 매우 좋은 후배다. 나와 함께 오랜 시간을 같이 하면서 좋은 시절과 힘든 시기를 겪으면서도 늘 한결같은 모습을 보여줬다.

● 나는 다시 태어나도 한성맨이다

내가 처음 직장생활을 한 곳은 현대자동차였고, 그때 맺은 끈끈한 인연은 나의 일생동안 큰 도움이 되었다. 하지만, 나의 삶이 활짝 꽃피운 곳은 바로 한성자동차다. 나는 이따금 생각하곤 한다.

'삶의 고비마다 다른 선택을 했으면 어떻게 됐을까?'

만약 현대자동차에서 영업직으로 전환하지 않았더라면, 만약 대우국민차 사업을 시작하지 않았더라면, 만약 한성자동차에 입사하지 않았더라면.

다른 어떤 결정을 내렸어도 나의 인생이 크게 달라질 것 같지는 않다. 그러나 한성자동차에 몸을 담게 된 것은 내 인생에서 정말 큰 계기를 만들었다.

나는 한성자동차 30년을 함께 해왔다. 올해 30주년을 맞이하는 한성자동차의 역사는 그래서 나의 역사이기도 하다. 한성자동차에서 만들어낸 조직원 간의 끈끈한 유대감, 그리고 소위 말하는 '라인'이 없는 문화, 인재의 배경이나 연줄, 선입견을 배제한 채 철저히 능력으로 인정하는 시스템, 명품 세일즈를 하면서 최고의 전문가를 육성하는 원칙.

한성자동차의 최고 가치는 바로 '인화(人和)'다. 학연, 지연, 혈연과 같은 내부의 편 가르기가 일체 존재하지 않는다. 철저한 능력 위주의 승진과 대우를 보장한다.

중요한 자리가 나면 한성자동차와 함께 커 온 인재를 등용하는 시스템을 갖췄다. 한성자동차의 가치를 이해하고, 남다른 열정으로 자신과 회사의 발전을 함께 도모하는 인재들이 현재 한성자동차의 주축을 맡고 있다.

IMF를 거치면서 혹독한 구조조정을 거치는 아픔을 겪었지만, 추후 회사의 상황이 좋아졌을 때 회사는 그들을 다시 불렀다. 물론 기꺼운 마음으로 그들이 한성자동차의 품으로 돌아온 것은 당연하다.

직원에 대한 애정이 각별한 만큼 최고위 임원부터 말단 직원까지 한성자동차에 대한 자부심과 애사심 역시 남다르다. 방배 본사의 환경관리를 담당하시는 분은 30여 년 근무하시면서 한성자동차의 전시장 환경을 깨끗하게 유지한다.

고객뿐만 아니라 외부 고객이 방문해도 기꺼이 자신의 업무 외에 손님을 안내하는 역할까지 하신다. 누가 시켜서 하는 일이 아니다. 나는 이분의 이런 자발적인 응대가 바로 애사심의 본보기라고 생각한다.

한성자동차에는 특이한 이력을 가진 직원이 많다. 과거 톱스타의 반열에 있었던 가수 김민우 씨도 현재 강남전시장에서 팀장으로서 훌륭하게 활약하고 있다. 이 외에도 특전사, 헬기 조종사, 국가대표 운동선수 등 카세일즈와는 전혀 어울릴 것 같지 않은 이력의 소유자들이 곳곳에서 최고의 활약을 하고 있다. 이들은 자신이 원래 있었던 분야에서도 최고의 활약을 보였던 사람들이다.

자신의 분야를 벗어나면 보통 자신이 가진 장점을 살리지 못하고, 도태되는 경우가 많다. 그러나 한성자동차에서의 이들은 다르다. 자신의 원래 직업의 장점을 잘 살려 자신만의 영업노하우를 만들어 나간다. 그런 개성에 한성자동차의 전통과 분위기가 덧입혀져 최고의 명품 카세일즈맨이 탄생한다.

한성자동차는 대한민국 수입차 업계에서 독보적인 업적과 문화를 만들어 왔다. 한성자동차는 올해 창사 30주년을 맞이했다. 앞으로도 영원히 수입차 업계의 리더로서 역할을 잘하리라고 믿는다.

나는 자동차 영업인이 단순히 금전적 이해관계에 집착해 실적을 올리기를 바라지 않는다. 후배들에게 항상 강조하는 것도 바로 '인연의 힘'이다. 고객한테 차를 파는 것이 아니라 최고의 명품 서비스와 마인드를 팔아야 한다. 한성자동차는 바로 그런 가치를 실현하게 만들어줬다.

명품은 단지 고가이기 때문에 붙는 칭호가 아니다. 명품을 만들기 위해서는 명품에 걸맞은 서비스와 정신이 필요하다. 단지 성능이 좋은 차를 원한다면 그런 브랜드는 얼마든지 있다. 그러나 '벤츠'라는 명품 브랜드를 소비한다면 그에 걸맞은 품격을 소유해야 한다. 한성자동차는 이런 문화를 만들어왔다.

내가 한성자동차와 함께 이뤄낸 이 한성자동차의 조직
문화는 영원할 것이다. 나는 그것이 자랑스럽다. 인간 정만
기의 삶은 비록 수많은 우여곡절과 부침이 있었지만, 수많
은 한성맨들과 함께 이뤄 온 한성자동차의 특별한 문화는
굳건할 것이다.

2부

정만기가 전하는
성공의 조건
20계명

氷凍三尺 非一日之寒

빙동삼척 비일일지한

세 척이나 되는 얼음도 한나절의 추위로 이루어지는 것은 아니다.

– 어떤 일도 짧은 기간에 이루어지지 않는다는 것을 이르는 말 –

1 가장 중요한 것은 정직, 진정성이다

성공을 위한 많은 원칙 중에서도 가장 중요한 것이 있다면 바로 진정성 있는 태도다. 진정성을 느끼게 하는 가장 좋은 행동은 '정직'이다. 어느 누구도 겉과 속이 다른 행동을 하는 사람을 좋아하지 않는다.

그리고 정직한 성품을 중요한 가치로 여기는 사람은 스스로도 정직한 경우가 많다. 정직한 사람이 정직하지 못한 사람을 만나게 되면 알게 모르게 피해를 입기 때문이다.

대우국민차 폐업과 같은 극도로 어려운 상황에서도 나는 할부판매 채권 확보비용과 같은 돈에 일절 손을 대지 않았다. 그것이 내가 정한 원칙이었기 때문이다. 이 덕분에 나는 최악의 경영위기에 내몰렸을 때 폐업을 할 수 있었다. 당시 많은 대리점이 채권 확보비용을 당겨쓰는 바람에 이 금액을 마련하지 못해 폐업조차 하지 못하는 경우가 비일비재했다.

물론 아무한테도 관리감독을 받지 않기 때문에 다시 채워 놓으면 그만이지만, 잠시라도 채권 확보비용을 유용한다는 것은 안 될 말이다. 스스로 도덕불감증에 익숙해지면 그것보다 큰일은 없다.

정직이란 남에게 하는 약속임과 동시에 자기 스스로에게 하는 약속이기도 하다. 자신한테 정직하지 않으면 남에게도 정직할 수 없다.

나에게는 20년을 넘어 30년, 40년에 이르도록 친분을 잃지 않는 사람들이 많다. 국민학교 동창의 경우 60년이 넘는 세월 동안 한결같이 만나기도 한다. 그들에게 정만기는 잘난 사람이 아니다. 그저 그 자리에서 항상 같은 모습으로 있었고, 언제 봐도 변함없는 사람, 그리고 겉과 속이 같은 믿을 수 있는 사람이라는 이미지로 남아있다. 이 이미지는 나에게 있어 무엇과도 바꿀 수 없는 소중한 자산이다.

2 영업인이 되기 위한 자세를 준비하라

영업인을 대하는 일반적인 평가는 두 가지로 나뉜다.

"야, 저 친구 영업한대. 또 뭐 부탁하려는 거 아냐?"

이런 반응을 보이는 회피형.

"저 친구 영업해서 크게 성공했대. 어지간한 월급쟁이는 상대도 되지 않는 돈을 벌었다던데. 자기 하고 싶은 일을 하면서 돈도 잘 버니 정말 좋겠군."

이런 반응을 보이는 선망형.

외부인의 시선뿐만 아니라 영업을 시작하려는 사람도 마찬가지다.

"취업도 안 되고, 장사하려니 모아놓은 돈도 없고. 영업일이나 해볼까."

이런 반응을 보이는 현실도피형.

"일반 월급쟁이는 안정적이기는 하지만, 평생 주어진 업무 밖으로 나가는 경우가 드물다. 내가 스스로 원칙을 세워 월급쟁이 보다 더 열심히 일할 자신이 있다면 영업일을 통해 내 정체성을 찾아보자."

긍정적인 마인드로 현실을 개척하는 자아 실현형이다.

만약 당신이 영업일에 관심을 가지고, 도전하려는 마음을 먹고 있다면, 당연히 후자 쪽의 마인드가 필요할 것이다.

하지만, 현실은 마음먹은 대로 움직여주지만은 않는다. 오래 전 선배들로부터 들은 이야기를 소개하면, 회사의 업무를 구분할 때 보통 총무, 인사, 경리, 자재, 생산, 영업, 서비스 등으로 분류한다. 이런 분류 중 유일하게 영업만 업(業)의 개념을 포함한다.

불교에서 '업보(業報)'라는 표현이 있는 것처럼 영업이란 그 책임이 매우 중요하다. 그만큼 영업은 힘들고 고독하다. 반대로 책임이 큰 만큼 다른 모든 업무보다 보상도 크고 보람도 있다.

만약 당신이 영업에 관심을 가지고 도전한다면, 당연히 구도자의 자세를 가져야만 한다.

영업인은 엔지니어나 학자처럼 한 분야의 고도의 전문성을 필요로 하지는 않는다. 물론 자신의 분야에 대해 전문적인 지식을 가지고 고객을 응대해야 하는 것은 당연하지만. 전문적인 지식뿐만 아니라 폭넓은 교양과 사리분별, 그리고 이해심과 포용력이 필요하다. 다원주의적 가치를 지향하는 사람이어야 한다는 뜻이다.

하지만 마음자세를 따져보자면 얘기가 달라진다.

무엇보다도 영업은 전문적인 마인드가 뒷받침되지 않으면 결코 할 수 없는 일이란 걸 알아야 한다. 어설프게 '한번 해 볼까?'라는 마인드로 덤벼들어서는 결코 영업인으로 성공할 수 없다.

내가 현대자동차를 거쳐 한성자동차에서 차 세일즈를 하는 동안 자연스레 나에게 '자동차 영업왕'이라는 타이틀이 붙었다. 그리고 그 노하우를 전수해 달라는 이야기를 많이 들었다. 그런 이야기를 들을 때마다 항상 고민된다. 나의 경험을 풀어놓는 것은 자신이 있으나, 그것을 받아들이는 쪽에서 어떻게 받아들일지 모르기 때문에 항상 조심스럽다.

나의 지난 이야기를 풀어 놓자면 추억팔이나 자기 잘난 척으로만 받아들일 것 같고, 영업의 원칙을 늘어놓자니 여기저기 수많은 영업왕들이 펴낸 마케팅에 관련된 서적은 너무나 많다.

그래도 영업에 대한 나의 노하우를 밝히라고 한다면, 결국 나는 똑같은 이야기를 할 수밖에 없다. 진정성, 인연, 그리고 끈기다. 영업일에 뛰어들면서 나도 누구누구처럼 성공한 영업인이 되어야지라고 하는 생각은 목표일뿐이다. 지금 영업을 시작하려는 당신에게 가장 필요한 것은 목표보다 '어떻게 실천할 것인가'이다. 사람을 대하면서 진정성을 가지고 대하라는 말은 열이면 열 모든 마케팅 서적에 나와 있다.

스스로 내가 만족하는 것이 아니라, 누군가 인정해 줬을 때 비로소 그 사람의 진정성은 실현된다. 그리고 그 진정성은 자신이 하루 이틀 노력한다고 이뤄지지 않는다. 아예 그 자세가 체화되어 있어야 한다. 목적을 위해 만들어진 진정성은 결코 인정받기 어렵다.

삼척지빙 비일일지한(三尺之氷 非一日之寒)이라는 말이 있다. '얼음이 석자의 두께로 얼기 위해서는 하루 동안의 반짝 추위로는 안 된다.'는 뜻이다. 제 아무리 추운 날씨라고 해도 한강물이 얼기 위해서는 적어도 일주일 이상 강추위가 몰아쳐야만 한다. 무슨 일이든지 오랜 시간 동안 정성을 다해야만 이루어진다는 말이다. 중국 후한(後漢)의 사상가 왕충(王充)이 지은 〈논형(論衡)〉 '장류편(狀留篇)'에 나오는 구절에서 유래했다.

河氷結合 非一日之寒 積土成山 非斯須之作
강이 얼어붙는 경우는 하루의 추위 때문이 아니며, 흙이 쌓여 산을 이루는 것도 짧은 순간에 되지 않는다.

'언행이 조심스럽지 않고 가벼우며, 급하게 승진하려는 사람은 일찍 관직에 등용될지라도 빨리 불행이 찾아온다. 어질고 사리에 밝은 선비는 자기가 지니고 있는 깊은 학식과 도리가 짐이 되므로 관직에 더 늦게 등

용되는 것이다.'라는 주석이 붙어있다.

 학자든 기술인이든 영업인이든 어느 한 경지에 다다르기 위해서는 결코 그 수가 얕아서는 안 된다. 카세일즈, 더구나 명품 카세일즈를 하는 사람이라면 그 자신 스스로가 명품 딜러가 되어야만 한다. 차를 사려는 사람도 만만치 않은 내공을 갖춘 사람들이다. 오랜 시간 자신을 갈고닦아 꾸준히 자신을 갈고 닦지 못하겠거든, 이 일을 시작하지 않는 것이 낫다.

3 인간관계는 무엇보다 중요하다

어떤 일을 하더라도 인간관계가 바탕이 되지 않으면 성공할 수 없다. 더구나 영업에 있어서 인간관계란 물고기한테 물과 같은 존재다. 물을 떠나 물고기가 살 수 없듯이 영업인에게 인간관계란 생존의 문제다.

그런데 이 인간관계는 노력만으로 얻기가 힘들다. 물질로 살 수는 더더욱 없다. 자신이 어떤 사람이 호감을 줄 수 있는지 생각해보라. 물론 용모가 준수하고, 말과 행동이 바르며 친절한 성격을 가진 사람이 호감을 줄 가능성이 많다.

내가 이 사람을 언젠가 한 번 크게 이용할 수 있기 때문에 그 사람한테 잘해 주는 경우는 그 의도가 태도에 드러날뿐더러 이용이 끝난 뒤에는 그 사람과 관계가 이어지지 않는다. 그러나 진정한 교분을 나눈 사람의 경우는 다르다. 아무리 신세를 지더라도 다시 그 사람과의 관계가 이어질 뿐만 아니라 도움을 준 사람도 도움을 준다는 사실조차 망각하고 만다.

많은 사람들이 아는 '관포지교'라는 말이 바로 여기서 나왔다. 사람들은 관중은 포숙아에게 신세만 지고, 포숙아는 끊임없이 퍼주기만 하였으니, 너무도 기우는 관계가 아니냐고 할지 모른다. 그러나 포숙아로서는 평생을 통해 자신을 진정으로 이해해주는 친구를 위해 하는 행동이었을 뿐이다.

나의 경우 이런 관계를 이룬 사람이 많다. 물론 내가 잘나서 이런 관계가 이뤄졌다기보다 운이 좋은 케이스일 것이다. 그러나 아무리 운이 좋아도 내가 만나는 귀인을 내 옆에 함께 할 수 있도록 만드는 것은 나의 태도 여하에 달려있다.

수많은 인생의 부침(浮沈)을 겪으면서도 내가 항상 그 시기를 겪어낼 수 있었던 것은 바로 이런 인연의 힘이다.

4 한결같은 모습을 보여라

사람들이 나에게 한 가지 놀라워하는 것이 있다. 그것은 나의 대인관계의 다양함이다. 우리나라 최고의 대기업 회장들과 친분을 가지기도 하지만, 정말 시골 촌로나 다름없는 평범한 사람들과도 동일한 관계를 유지한다. 내 교제의 스펙트럼은 정말 다양하다.

내가 '대기업 회장이나 장관을 만나고 다니는 사람인데!'라고 우쭐댔다면 나의 옛 친구들은 나를 가까이 할 수 없었을 것이다.

나에게 이익을 안겨주는 사람만이 나의 친구가 아니다. 때론 내가 이익을 안겨주는 사람 역시 나의 친구라는 사실을 잊지 말아야 한다.

이익에는 물론 유형의 자산도 있지만, 무형의 가치도 있다. 괴로울 때 마음을 의지할 수 있는 친구들은 나에게 금전적인 도움을 줄 수는 없을지 몰라도 물질과 비교할 수 없는 가치를 나에게 선물해 주곤 한다.

내 일생의 멘토인 김동건 아나운서와 맺은 인연도 아주 작은 것에서 출발했다. 시간이 쌓이면서 신뢰가 형성되고 이제는 몸에 맞는 옷처럼 아주 편안해 진 것은 세월의 힘이다. 그리고 항상 같은 모습을 유지하려고 애쓰는 정성의 힘이다. 신뢰란 하루아침에 쌓이는 것이 아니다. 강 건너편에 서 있는 사람을 위해 다가가기 위해서는 꾸준히 얼음을 얼려야만 한다. 이젠 됐겠지, 하면서 섣불리 강을 건너다간 물에 빠지고 만다.

세상에 믿을만한 사람이 없다고 한탄하기보다, 지금 당장 내가 믿을 만한 사람이 되어 있는지 확인하는 것이 필요하다. 믿음이란 항상 같은 모습을 보여주는 데에서 출발한다.

5 조력자가 중요하다

'나는 왜 이렇게 인복이 없지?'라고 실의에 빠진 사람이 있다면 한 마디 해주고 싶다. 정말로 대단히 운이 없어서 만나는 사람마다 정말 자신과 맞지 않는 상황만 닥친다면, 스스로를 돌아봐야만 한다. 자신이 마주쳤던 상대방 역시 나를 보고 그렇게 생각할 수 있다.

자기 관리를 철저히 한다는 것은 곧 나에게 호의적인 사람을 많이 만든다는 뜻이 된다. 자신의 편이 많은 사람은 외롭지 않다. 아무리 어려운 상황에 처하더라도 항상 위기를 극복할 기회가 생긴다.

특히 강조되는 것은 겸손이다. 자신을 낮추면 불이익을 볼 것 같지만, 사실은 훨씬 많은 이익을 얻게 된다.

현대자동차에서든, 한성자동차에서든 나는 내 주변의 조력자들 덕분에 기회를 만들기도 했고, 위기에서 탈출하기도 했다. 믿을만한 주변의 조력자는 인생의 큰 버팀목이다. 조력자를 만들기 위해서는 무엇보다 겸손해야 한다.

자신의 의견을 관철시켜야만 자신의 말에 힘이 실리는 것 같지만, 시간이 지나면 결코 그렇지 않다. 상대방은 나에게 반감을 사고 자리를 피했을 경우가 더 많다. 상대방의 의견을 수긍하고 상대방 스스로 오류를 인정하게 만드는 것이 대인의 풍모이자, 진정한 승자다.

사실 주변의 많은 사람들 중에 내가 정말 필요한 순간에 발 벗고 나서줄 사람은 많지 않다. 관계가 먼 사람은 말할 것도 없고, 평소 가까이 지낸 사람들도 마찬가지다. 심한 경우 가족들조차도 등을 돌리게 되는 경우가 생기게 된다.

삶에 있어 조력자는 무엇보다 소중한 존재다. 나의 가장 가까운 사람부터 진정한 조력자가 될 수 있는 지 체크해 보기 바란다. 만일 그런 사람이 정말 눈에 띄지 않는다면, 평소 나의 삶을 다시 뒤돌아보아야만 한다.

6 고객의 지인을 나의 편으로 만들라

통상 차량을 구입하러 오는 고객은 친구든 가족이든 주변 사람을 대동하고 오는 경우가 많다. 값이 만만치 않으니 판단의 오류를 줄이고자 조언을 듣고 결정하겠다는 마음이다.

물론 결정권자는 고객 당사자다. 그리고 영업인이 상대해야 할 대상도 역시 고객이다. 당연히 고객 당사자에 모든 역량을 집중해야 한다.

하지만, 좀 더 협상을 매끄럽게 진행하고 싶다면, 고객의 지인에게 더 많은 공을 들여야만 한다. 고객의 지인은 고객에게 벤츠를 사라고 권유하기 보다는 결정을 유보하라고 권유하는 경우가 더 많다. 자신의 조언이 결정적인 구매의 근거가 되는 것을 꺼리기 때문이다. 책임회피를 위한 보호본능이다.

고객의 지인과 더 많은 대화를 나누면서 안목을 치켜세운다면, 고객의 지인은 나의 편이 될 수 있다. 세 명이 각자 다른 위치에 서 있을 때, 중립자가 어느 편에 가담하느냐에 따라 매우 어려운 싸움이 될 수도, 의외로 싱겁게 승부가 결정 나 버리기도 한다.

만일 고객에게 집중한다며 고객의 지인을 무시하는 태도를 보인다면, 고객의 지인은 어느 샌가 나의 설득을 사사건건 반박하는 적대자가 될 가능성이 크다.

하지만 고객의 지인을 내 편으로 만들 수만 있다면 훨씬 유리한 상황이 전개될 것이다. 고객의 지인의 안목을 존중하며 지인으로 하여금 고객을 설득하게 만드는 것이 최고의 협상 전략이다. 그러면서 영업인은 가끔씩 오류를 정정하는 선에서 필요한 정보를 전문가답게 제시한다면 훨씬 신뢰감 있는 협상을 이끌어 갈 수 있다.

7 늘 나를 지켜보는 사람이 있다

내 주변에 있는 사람들은 순식간에 나의 조력자 혹은 방해자가 될 수 있다. 그 사람과 관계없는 일일지라도 평소의 나의 행동, 혹은 태도를 통해 나에 대한 평가를 내리게 된다. 그리고 결정적인 순간에 나의 조력자, 혹은 방해자가 되는 것이다. 그 판단을 내리는 근거는 평소 나의 행동거지다.

언제나 나를 관찰하는 사람이 존재한다고 생각해야 한다. 아무 말도 없이 있는 사람이 사실은 나를 평가하는 평가자다.

일생을 신경 쓰며 살면 얼마나 피곤할 것인가? 그러니 가장 좋은 방법은 자신 스스로가 항상 타인에게 누가 되는 행동을 끼치지 않도록 습관화해야 한다.

조선시대 선비들이 수신(修身)을 위해 하는 행동의 기본은 남이 보거나 보지 않거나 자신의 행동을 바르게 하는데 있었다.

자신 스스로에게 부끄러운 행동을 하게 되면 은연중에 남이 있을 때에도 같은 실수를 하게 된다. 아무도 알지 못할 것이라 생각해도 내 주변에는 항상 나의 행동을 평가하는 사람들이 있다는 것을 잊지 말아야 한다.

지금 당장 상대방과 관련이 없는 일일지라도 상대방은 나의 행동을 반드시 기억하고, 나에 대한 평가를 내리게 된다. 그리고 자신과 관련된 일로 판단을 내리게 됐을 때, 그때서야 내가 상대방에게 잘한다고 아무리 발버둥을 쳐도 믿음을 이끌어내기는 힘들다.

우리 속담에도 있지 않은가? '안에서 새는 바가지, 밖에서는 안 샐까?' 안에 있어 나를 볼 사람이 없다고 생각하는 것은 큰 착각이다.

8 이해관계 없는 자존심을 내세우지 말라

자신의 의견을 관철시키기 위해 별 이해관계도 없는데 상대방의 마음을 상하게 하는 일은 절대 금물이다. 그런 행동이야말로 아집이자 다른 사람한테 상처를 주는 행동이다. 자신의 자존심을 위해 상대방의 마음을 상하게 하는 것.

이에 관한 이야기가 있다. 친구 사이인 두 사람이 길을 걷다가 별 것 아닌 일로 파출소까지 가서 시비를 가리게 되었다.

사연을 들어본즉, 4×7=27을 주장하는 사람과 4×7=28을 주장하는 사람이 한 치의 양보도 없이 자신의 주장이 맞는다고 싸움을 벌인 것이다.

그런데, 누가 봐도 맞는 답을 한 사람은 경을 쳤고, 틀린 답을 말한 사람은 그냥 풀려났다. 경찰관 말은 이랬다.

"누가 봐도 4×7=28을 주장한 당신 말이 맞다. 그런데, 답을 27이라고 말한 사람하고 싸워서 이기면 뭐 어쩔 거냐?"

누가 봐도 명백한 결과가 나올 것인데 자존심 때문에 쓸데없는 다툼이 생겼으니, 이것은 진실을 가리기 위함이 아니라 상대방을 이기려는 호승심이 발동한 것이다. 아량이 없는 자라고 비난받아 마땅하다.

나를 비방하는 사람이 있다면 똑같이 그 사람을 비방하기보다 그 사람에게 조용히 술을 청하라. 그리고 자신의 고민을 조용히 얘기하면서 도움을 구하라. 진심으로 도움을 청하면 처음에는 의아해하며 거리를 두더라도 진심이 전해지면서 자신의 우군이 되는 것을 많이 봐 왔다.

누군가 나에게 비판적이라면 화를 내기 전에 스스로의 문제점을 되짚어봐야 한다. 의외로 그 사람이 나의 단점을 고치게 해주는 고마운 사람일 수도 있다.

9 고객과의 대화에 정치, 종교 얘기를 삼가라

'밥 먹으며 정치 이야기를 하면 밥맛 떨어지고, 술 먹으며 종교 이야기를 하면 싸움난다'

정치적인 견해나 종교적인 담론은 현 시점에서 판단할 수 있는 것이 아니다. 시간이 흐르면 정치나 종교적인 해석은 달라지게 돼 있다. 물론 정말 신념을 가지고 정치적, 종교적 믿음을 굳세게 이어가는 사람들도 많지만, 신념이 강하면 강할수록 새로운 해석을 자기화 하는 경향도 빠르다.

스스로 정치평론가나 종교지도자가 될 생각이 아니라면 고객과 이런 화제를 가지고 논쟁하는 것은 결코 바람직하지 않다.

세상의 모든 신념은 좋든 싫든 타인에 대한 공격성을 가지고 있다. 그렇지 않다면 신념이라 부를 수 없다. 상대방으로부터 '나'를 지키는 것이 바로 신념이다. 그런데, 영업인으로서 자신의 신념을 부각시키고자 한다면 그 사람은 영업인으로서 자격이 의심스러울 수밖에 없다. 고객에게 어떤 제품이 좋은지, 어떤 스타일이 고객에게 어울리는지 고객의 입장에서 생각해야 하며, 자신의 신념과 주장을 고객에게 내세우는 태도는 결코 바람직하지 않다. 그렇다고 무조건 고객에게 맞춰 자신의 정치적, 종교적 신념을 포기하란 얘기는 아니다. 그럴 수 없기 때문에 이 화제를 올리지 말라는 뜻이다.

어느 한 부분에 치우치지 않고 두루 두루 생각이 미쳐야 한다. 자신의 정치적 신념을 주장하느라 고객과 언쟁을 벌이는 것이 꼭 필요하다면, 그 사람은 영업보다는 정치하는 쪽으로 가야 한다.

10 상식과 교양은 고객 응대에 필수 조건이다

나는 어려서부터 책을 많이 읽지 않았다. 성공의 요건에 독서가 반드시 들어가는 경우가 많은데, 그런 면에서 나는 요건을 갖추지 못한 편이다. 그러나 신문만은 반드시 빼놓지 않고 꼼꼼히 읽었다. 지금도 신문 읽기는 나에게 큰 즐거움이다.

중학교 때부터 탐독했던 신문 덕에 세상 돌아가는 사리는 누구보다 빨리 깨우쳤다고 생각한다. 물론 신문을 통해 우연히 접했던 대우국민차 광고 때문에 삶의 나락에 빠지기도 했지만. 세상 돌아가는 일을 제대로 알고 있어야 대화가 된다.

대화가 통하지 않는 사람과는 결코 오랜 교분을 이어갈 수 없다. 카세일즈, 특히 명품 세일즈에서는 한 사람의 고객이 곧 수십 명의 잠재고객을 이끌어준다.

고객을 고객 한 사람으로 대하는 세일즈맨은 결코 성공에 이를 수 없다. 고객과 인간적인 교분을 넘어 마음을 나누는 사이가 되어야 한다. 그렇게 되기 위해서는 시사나 상식, 교양지식 등은 필수다.

그렇다고 해서 고객 앞에서 자신의 지식을 자랑하는 행위는 절대 금물이다. 영업인이 자신이 판매하는 물건의 특성과 세부 스펙을 자세히 알고 있는 것은 지극히 당연한 일이다. 이것을 모른다면 그 사람은 기본이 안 되어 있는 사람이라고 볼 수 있다.

고객 앞에서 자신이 알고 있는 것을 자랑하듯 떠벌리는 사람이 있다. 이 역시 좋은 행동은 아니다. 고객의 입장에서 당연히 알아야 할 것을 물어보면 성심껏 답해 주어야한다.

나는 그동안 고객의 안목을 함부로 평가절하 하는 행동의 우를 범하는 영업인들을 많이 보아왔다. 자기 딴에는 고객에게 좋은 상품을 권한다고 하는 것 같은데, 그건 권하는 것이 아니라 고객의 안목을 무시하는 행위다.

　시사나 교양에 대한 자신의 견해 역시 마찬가지다. 고객을 가르치려 해서는 안 된다. 논쟁을 하고 싶다면 세일즈맨이 아니라 논객이 되어야 한다.

11 적정한 돈을 항상 지니고 다녀라

영업인은 항상 적정한 돈을 지참하고 있어야 한다. 갑자기 고객과의 만남약속이 잡혔는데, 마침 수중에 돈이 1만 원에 불과하다면, 호텔 커피숍에서는 고객을 만날 수 없게 된다. 고객에게 돈을 내라고 할 수는 없지 않은가? 굳이 그런 상황이 아니더라도 마음의 여유를 가지고 고객을 응대하기 위해서는 항상 적정한 돈을 지참하고 다녀야만 한다.

돈이 있든 없든 항상 지갑에 천 원짜리 몇 장 가지고 다니는 후배를 본 적이 있다. 쓸데없는 지출이나 충동구매를 줄이려고 그런다는데, 영업인으로서는 그다지 좋은 방법이 아닌 듯하다. 접대를 위해서 돈을 가지고 다니는 것은 영업인으로서 최소한의 투자다. 투자 없이 사업을 영위할 수는 없다.

'우리는 왜 돈을 버는가?'
이 문장에 주목해야 한다. 우리는 돈을 많이 벌기 위해 노력한다. 돈을 많이 버는 목적은 행복하기 위해서다. 그런데 돈을 가지고 행복을 위해 사용하지 못하고 움켜쥐고만 있다 보면 결코 성공할 수 없다.
돈은 가치를 위해 투자해야 한다. 가치에는 나에 대한 남의 평가, 나의 행복, 즐거움과 만족, 명예, 훗날의 이익을 위한 투자 등 다양한 면이 있을 수 있다.

중요한 점은 돈을 가치로 바꾸지 않고 가지고만 있으려 한다면 결코 세일즈맨으로서 성공할 수 없다는 점이다. 나는 살아오면서 적든 크든 필요하다고 생각하는 지출은 절대 아끼지 않았다. 그리고 그 결과는 항상 후회하지 않았다. 움켜쥐는 습관은 결코 좋지 못하다.

12 대접할 경우가 있거든 생각보다 더 써라

자기 혼자 있을 때는 모르겠지만, 고객과 함께 있거나 여럿이 있을 때는 밥 한 끼라도 항상 정성이 들어간 접대를 해야 한다. 여력이 있다면, 다소 과한 대접이라도 결코 손해나는 것이 아니다. 고객에게 하는 지출은 반드시 좋은 인상을 남기게 된다.

예전에 내가 진심으로 존경하는 고객이 큰 상을 수상하게 된 일이 있었다. 평상시 같았으면 꽃다발을 보냈을 텐데, 그분께 의미가 있는 상인지라 나도 내 일같이 기뻤다. 조금 무리를 해서 소나무 분재를 보냈다.

훗날 그분은 나에게 그때의 선물이 '특별한 기억'으로 남았다고 일러주었다. 그냥 의례적인 선물이라고 보면 비쌀지 몰라도 누군가에게 몇 년이 지나도록 오랜 기억을 남긴 대가로는 매우 싼 투자인 셈이다.

또 다른 고객에게 문병을 갈 일이 있었다. 공교롭게도 내가 담석증으로 수술을 받은 지 며칠 지나지 않아서 고객의 남편이 같은 이유로 수술을 받았다. 나는 상처가 채 아물지 않은 상태에서 문병을 가게 됐다.

백화점에 들러 과일바구니를 고르는데, 전시된 상품이 모두 다 성에 차지 않았다. 최고급 과일바구니에 탐스러운 과일 몇 개를 더 올려 나만의 '특 과일바구니'를 만들었다. 나 역시 환자였지만, 고객에게 최선을 다하고 싶었다. 나는 그 무거운 과일바구니를 들고 병실까지 찾아가 문병했다. 그 고객은 나에게 진심으로 감동했다. 그 고객은 우리나라 탑클래스 가수다.

나에게 매년 최고의 디너쇼 제일 좋은 좌석 티켓을 잊지 않고 보내주신다. 나는 단순히 금액으로 환산할 수 없는 최고의 영예를 누리고 있는 중이다.

부조의 기회가 있건, 식사대접이 있건, 이만하면 됐다 싶은 수준보다 조금씩 더 신경을 쓴다면 더욱 효과적으로 인상을 남길 수 있다. 그 돈을 아끼려다가는 더 큰 기회는 영원히 잡을 수 없게 될 수도 있다.

13 직접 만나 해결하는 것이 최고의 협상전략이다

중국의 황제는 왜 자신이 사용하지도 못할 만큼의 큰 궁궐을 짓고 생활했을까? 단지 권위를 위해서?

사실은 여기에 협상의 비밀이 숨어있다. 중국 황제들은 대대로 중원을 통치하면서 변방의 이민족들에 대해 속국의 관계를 요구해 왔다. 때문에 조공을 받으며 한 해, 또는 몇 해 동안 변방국에서 일어난 일들을 보고 받으며 여러 가지 현안에 대해 협상하게 된다.

변방국의 사신은 보통 몇 달에 걸쳐 먼 길을 걸어오느라 매우 지쳐있는 상태다. 그동안 쓴 경비도 만만치 않다. 그런데다가 황제를 알현하기 위해서는 또 다시 몇 달을 기다려야 한다. 어렵게 줄을 대어 황제를 알현하는 기회를 잡더라도 그날은 하루 종일 자금성 밖에서 대기하다가 그 큰 궁궐을 가로질러 간신히 황제를 만나게 된다. 하루 종일 소변을 참느라 제대로 물과 음식도 먹지 못했을 것이다.

이런 상황에서 편안히 앉아있는 황제와 현안에 대해 협상하기란 매우 불리하다. 대부분 황제의 지시대로 할 수 밖에 없는 상황인 것이다. 협상의 주도권을 쥐기 위해서는 우위에 서는 것이 매우 중요한 것을 보여주는 사례다.

세일즈맨이 고객과 계약을 하기 위해서는 동등하게 협상 테이블에 서야 한다. 그러나 영업인이 고객과 동등한 위치에 서기는 배우 힘들다. 결정권은 고객이 쥐고 있고, 영업인은 설득을 해야만 하는 상황이기 때문이다. 이런 상황의 불리함을 타개하기 위해 평소에 인간적인 교분을 쌓아두는 것이 필요하다. 합리적인 결정을 유도하기 위해서 친분과 신뢰만큼 좋은 것은 없다.

영업을 하다보면 고객의 컴플레인이 들어오는 경우가 많다. 까다로운 고객의 컴플레인을 접하게 되면 어떻게든 피하고 싶은 것이 사람의 마음이다. 그러나 이런 상황이 닥치면 피하지 말고 직접 만나서 문제를 해결하는 것이 훨씬 효과적이다. 전화나 문자로 고객응대를 하다보면 불만과 오해는 더 쌓이게 된다. 협상에서 우위를 차지할 수 있는 기회는 아예 주어지지 않는다.

문제가 해결되고 나면 고객과의 사이가 더 돈독해지는 경우가 많다. 상황을 절대로 회피하지 말고 적극적으로 응대하는 원칙을 세워야 한다.

　의외로 대단한 위치에 있는 분들은 외로움을 타고, 의심이 많다. 최대한 정직한 모습을 보여 신뢰를 쌓고 인간적인 모습으로 대해야 한다. 적극적인 모습으로 다가가야만 이분들과 친분을 쌓아가기 쉽다.

　단, 이런 분들에게 개인적인 부탁은 아무리 사소한 것이라도 하지 않는 것이 좋다. 이 정도 위치에 있는 사람들은 상대방이 원하는 것이 무엇인지 대부분 알고 있다. 정말로 내게 절실한 상황이라면 이분들이 알아서 챙겨줄 때까지 기다리는 것이 좋다.

　내 고객 중에는 대기업 경영주의 아들이 한 분 있는데, 30여 년간 친하게 지내오고 있다. 언젠가 이분이 하는 말이 참 인상적이었다.

　"내가 살아오면서 형님같이 부담을 주지 않는 사람은 참 드문 경우입니다. 그게 형님의 장점입니다. 그래서 형님과 오랜 시간 동안 정말 부담 없이 만날 수 있는 것 같아요."

　앞에서 이야기 한 바와 같이 나의 인생에서 정말 힘들고 어려운 적이 많았지만, 나는 주변 사람들에게 전혀 손 벌리지 않았다. 어떤 이들은 이를 두고 오히려 서운하다고 말하기도 한다. 하지만, 그 서운함은 시간이 지날수록 나에 대한 믿음으로 변하게 된다.

　'저 사람은 그렇게 어려운 상황에도 주위 사람들에게 폐를 끼치기 싫어하는구나.'

　이런 생각이 미치게 되면 내가 부탁하지 않아도 그 사람이 알아서 먼저 도와주게 된다.

15 사소한 것이라도 받아서 기분 나쁜 사람 없다

부자라고 해도 뭔가를 받으면 기쁘기 마련이다. 대신 주는 이의 정성은 반드시 들어가 있어야 한다.

'저렇게 돈이 많은 사람한테 이런 사소한 것을 줄 필요가 있을까?' 고민한다면 주는 쪽을 택하는 것이 좋다.

설사 그 사람이 그 물건이 너무 많아서, 혹은 필요 없는 물건이라 받은 직후 어딘가에 놔두고 쓰지 않더라도 그 물건은 의미가 있다. 상대는 그 물건을 기억하는 것이 아니라 나에게서 무언가를 받았다는 사실을 기억하게 된다.

다만 정성이 있어야 한다는 것은 똑같은 사은품을 주더라도 그 사람을 배려한 흔적이 있어야 한다는 점이다.

두루미에게 넓은 접시에 담은 음식을 내 오고, 여우에게 목이 긴 호리병에 담은 음식을 주는 것은 상대방을 전혀 배려치 않은 대접이다. 이런 선물은 아니 줌만 못하다.

그러나 적은 금액의 우산 하나라도 마침 비가 오는 날씨에 주는 센스를 발휘한다면, 상대에게 정말 잘 어울리는 색상인 듯해서 따로 빼놓았다고 말한다면. 상대방은 분명 나의 마음을 기쁘게 받아들이고, 훗날까지 나에 대한 좋은 인상이 남을 것이다.

아무리 부자라도 사소한 선물에 감동받는다. 혹시라도 '저 사람은 매우 부자이니 이런 사소한 사은품 따위는 거들떠보지도 않을 것이다.'라는 생각을 가지고 있다면, 반드시 생각을 바꾸기 바란다. 아무리 사소한 물건이라도 특별한 의미를 담은 선물은 상대방을 감동시킬 수 있다.

16 감사표시는 반드시 해야 한다

만약 도움을 받았다면 반드시 감사의 표시를 해야 한다. 금전이 아니라도 성의가 느껴질 수 있어야 한다. 내가 후배들에게 하는 말 중 이런 말이 있다.

"만약 아버지한테 도움을 받았다고 하더라도 감사의 표시는 반드시 하라."

'아버지에게 도움 받았다고 무슨 사례까지 하나? 가족인데 굳이 표현을 하지 않아도 우리는 다 아는 사이인데.'라고 생각해서는 안 된다.

정말 무서운 것은 은연중에 그런 태도가 나에게 배어든다는 것이다.

가까운 사람일수록 도움을 받았을 때 인사를 확실하게 해야 한다.

도움을 받기 전과 받은 후 마음이 달라져서는 안 된다. 보답이 받은 은혜에 못 미치더라도, 작은 선물이라도 꼭 성의표시는 해야 한다.

그 성의표시가 꼭 거창한 것일 필요는 없다. 큰 도움을 받아 큰 선물을 해주는 것도 나쁘지 않다. 그러나 정말 중요한 것은 '내가 도움을 받은 사실을 기억하고 있으며, 당신한테 나 역시 도움이 되고 싶다.'는 의미를 제대로 전달하는 일이다.

가족끼리라도 '사랑한다'라는 말을 자주하며 감정표시를 하라지 않는가? 어쩌면 가까운 관계라는 이유로 우리는 은연중에 상대방에게 무심함이라는 폭력을 행사하고 있는지도 모른다.

자신이 준 도움은 빨리 잊고, 남이 준 도움은 끝까지 기억하는 것. 이것이 바로 사람 살아가는 데 필요한 윤활유 역할을 한다.

17 공치사는 호의를 물거품으로 만든다

고객이 어려움에 처해 있다면 내 일, 내 자녀가 당한 일이라고 생각하고 일처리를 도와주어야만 한다. 그러나 도와준 일은 나 스스로는 잊는 것이 좋다.

'내가 언젠가 당신을 도와주지 않았느냐.' 하는 공치사는 지난 날 도움을 줬던 기억까지 오히려 나쁜 기억으로 만들어버린다.

도움을 받은 입장에서도 상대방이 자신을 위해 한 행동으로 받아들이지 못하고, 그저 도움을 준 사람 자신의 이익을 위해 행동했다고 믿어버릴 수밖에 없다. 그런 경우 고객은 정확히 셈을 치르면 더 이상 교분을 이어가지 않고 남이 되어버린다.

혹은 공치사가 지나친 경우 괘씸한 마음에 오히려 도움을 주지 않은 것만도 못하게 되는 경우도 있다.

생각해 보라. 열심히 도와줬음에도 불구하고 상대방에게 괘씸한 마음만 들게 했다면, 이보다 바보 같은 짓이 어디에 있겠는가? 공치사를 자주 하는 사람은 상대방을 무시하는 것에 다름 아니다. 상대방이 자신이 준 도움을 기억하지 못하거나 대수롭지 않게 생각할까봐 조바심이 나는 것이다.

고객이 진정 감사함을 느낀다면 내가 말하지 않아도 스스로 나에게 감사표시를 할 것이다. 만약 그렇지 않다면 나의 도움이 그다지 신통치 못하게 받아들여졌다고 생각해야 한다. 어떤 경우에도 자신의 도움을 자랑하는 공치사는 득이 될 것이 없다.

반대로 간혹 고객이 무리한 청을 넣거나 경우에 어긋나는 행동을 할 때도 있다. 그런 경우라도 절대 고객에게 화를 내서는 않된다. 그 고객이 정말 악한 이가 아니라면 나중에 자신의 행동을 후회하고 사과하게 된다. 그런 기회를 만들지 못하고 같이 싸우게 되면 그 고객은 물론 다른 고객에게도 좋지 못한 인상을 남길 수밖에 없다.

초보자는 모방하는 것이 결코 부끄러운 것이 아니다. 만약 그것이 부끄럽다고 생각하거나 필요 없다고 생각하는 사람이 있다면, 그것은 아집일 뿐이다.

세상의 어느 누구도 자신이 독자적인 영역을 개척한 사람은 없다.

우리는 모두 선대로부터 물려받은 전통과 생활양식을 전수받아서 살아간다. 누군가 훌륭한 업적을 남긴 선배가 있다면 그 모습과 방법을 벤치마킹 해 더 훌륭한 결과를 낳을 수 있도록 개량해야 한다. 만약 선배가 자신의 방법을 쓰지 못하게 한다면 그는 선배가 아니다.

자신의 생활습관이나 생각을 바꾸기 어렵다면 1~2%씩만 바꿔도 그 효과는 매우 크다. 우리에겐 1년 365일, 10년, 혹은 30년이라는 엄청난 시간이 있다. 이 시간 동안 꾸준히 바뀌어가는 자신을 관찰한다면 이 세상에 바꾸지 못할 것이 없다.

무엇보다도 자신에게 긍정적인 마인드를 심어야 한다. 부정적인 마음은 생활 자체를 우울하게 만든다. 내가 과거 한참 실의에 빠져 있을 때 나는 틈만 나면 '울고 싶어라'라는 노래를 불렀다. 정말로 내 심정이 그랬다. 살아갈 의미도 잃었고, 일체의 희망이 보이지 않는 시기였다. 그런데, 그런 노래만 불러서였는지 매일같이 정말로 울 일만 생겨났다.

스스로 긍정적인 마인드로 바꿔야 한다고 생각하고 밝은 노래를 부르기 시작했다. 우연이었는지는 모르지만, 그러고 나자 일들이 풀리기 시작했다. 세상의 모든 일은 나의 마음에서부터 시작한다는 것을 잊어서는 안 된다.

밝고 긍정적인 마음이 나뿐만 아니라 나의 주변까지 영향을 미치고, 나의 미래를 설계하는 기초가 된다. 그리고 그 변화는 크게 변화시키려는 마음에서 시작하는 것이 아니다. 노래라도 밝게 부르려는 의지. 그 2%의 변화가 전체의 변화를 이끌어낸다.

세일즈를 한다고 성형수술까지 할 필요는 없겠지만, 만약 자신의 장점을 부각시키고, 단점을 가릴 수 있다면 하는 것도 나쁘지는 않다고 생각한다.

나는 원래 앞니가 부정교합이어서 평소에 인상이 조금 어눌하게 생겼다고 생각해 왔다. 그런데, 어느 날 갑자기 그 이가 쑥 빠져버리고 말았다.

치과 의사와 상의하던 중, 나는 그 이빨과 그 옆의 이빨까지 함께 손을 봐 이를 교정하게 되었다. 이 나이에 외모에 신경을 쓰는 것도 우습게 생각하는 사람도 있지만, 나는 피부관리에도 나름 공을 들인다.

평소에도 피부관리는 물론이고, 일이년에 한 번식 잡티 제거도 하는 등 나름대로 외모를 가꾸는 데 게을리 하지 않는 편이다.

세일즈맨은 수많은 고객을 응대해야 하는 직업이다. 상대방에게 좋은 인상을 주기 위해서 노력하는 것은 결코 흠이 아니다.

그리고 그런 노력은 자기 자신을 다잡는 계기도 된다. 흐트러지고 어수선한 몰골로 상대방을 맞이하는 것은 그만큼 나의 마음자세가 준비되지 않았다는 의미도 된다. 프로의식을 가지고 상담에 응하는 사람과 그렇지 않은 사람의 차이는 생각보다 크다.

진정한 명품이란 큰 요소에서 차이가 나는 것이 아니다. 아주 작고 디테일한 부분의 완성도가 바로 명품을 결정하는 요소가 된다. 내가 명품을 취급하고 있다면, 나 역시 명품이 되어야만 한다. 명품의식을 가지지 않는 사람이 명품을 판다면 그것은 명품이 아니라 일반적인 상품일 뿐이며, 그 사람 역시 일반적인 장사꾼일 뿐이다.

20 신의는 돈을 주고 살 수 없다

    사람들은 돈을 잃는 것은 목숨을 내놓으면서까지 아까워하면서, 신의를 잃는 것은 대수롭지 않게 생각하곤 한다. 그러나 돈이란 잃으면 다시 벌 수 있는 것이지만, 신의란 한 번 잃어버리면 회복하기가 매우 어렵다. 게다가 신의를 얻으면 돈은 벌 수 있지만, 돈 가지고는 신의를 얻지 못한다.

    어느 것이 더 중요한 가치인가는 분명한데도, 사람들의 눈에 보이지 않는다는 이유로 신의를 대수롭지 않게 여기는 이들이 있다.

    영업인에게 신의란 무엇과도 바꿀 수 없는 가치다. 그런데 간혹 보면 사소한 이익 때문에 신의를 헌신짝처럼 저버리는 사람들이 있다. 지금 당장은 눈앞에 소소한 이익을 얻을 수 있을지는 몰라도 장기적으로 큰 마이너스다.

    남들이 모두 이익을 추구할 때 신의를 추구해 보라. 지금 당장은 힘들지 모르지만, 시간이 지난 후 무엇과도 바꿀 수 없는 기회로 돌아올 것이다.

    특히 모두가 신의를 지키지 않는 사회일수록 신의를 지키는 자의 이익은 크다. '믿지 못하는 사회'에서 믿을 수 있는 사람에게 훨씬 더 많은 기회가 돌아오는 것은 당연하기 때문이다.

    나는 특별한 능력을 가지지 못했지만 살아오면서 어려움을 극복하고, 다른 사람들한테 인정받을 수 있었던 이유는 바로 '신의' 덕분이다. 신의란 결코 크고 거창한데서 생겨나지 않는다. 아주 작은 약속, 그리고 원칙에 대한 존중이 뒷받침되어야 한다.

    춘추시대 오나라 공자인 계찰이 사신으로 이웃나라들을 순방했다. 그가 북쪽으로 향하는 도중에 작은 나라인 서(徐)나라를 들러 군주를 알현하게 되었다. 서나라 군주는 계찰이 차고 있는 보검이 무척 탐이 났지만, 감히 입 밖으로 내지는 못했다.

그러나 현명하기로 이름난 계찰 공자는 이미 군주가 이를 가지고 싶어 한다는 것을 알아챘다. 그는 여러 나라를 순방해야 했기 때문에 당장 보검을 풀어줄 수 없었다. 하지만, 순방을 마치고 본국으로 돌아가면 서나라 군주에게 이 보검을 선물해야겠다고 마음을 먹었다.

그러나 계찰이 순방을 마치고 본국인 오나라로 돌아갔을 때 서나라의 군주는 몹쓸 병에 걸려 그만 세상을 떠난 뒤였다. 그러자 계찰은 서나라에 가서 군주의 무덤을 찾아 자신의 보검을 풀어 나무에 걸어놓았다.

이를 본 사람들이 물었다.

"이미 군주는 죽고 없는데, 보검을 남겨두는 이유가 무엇입니까?"

계찰은 주위를 둘러보며 말했다.

"이미 나는 마음속으로 이 보검을 서나라 군주에게 주기로 약속했다. 그가 죽었다고는 하나 이미 내가 마음속으로 약속한 바를 실천하는 것이 무엇이 이상하단 말인가?"

말로 한 약속은 아니지만, 자신이 마음먹었기에 약속을 지킨 것이다.

계찰은 이후 신의를 지키기로 유명한 사람으로 이름을 날렸다. 주위의 제후들은 오나라의 계찰 공자의 말이라면 그 어떤 말이라도 의심하지 않았다. 그런 이유로 오나라는 외교상 많은 이익을 얻을 수 있었다.

보검이 아무리 값지다고 한들 나라보다 중요할 수는 없다. 계찰은 값나가는 보검을 통해 신의를 지키는 사람의 모습을 보여줬고, 이는 계찰 자신과 오나라에 큰 위험을 피할 수 있는 행운을 안겨다 주었다.

명사가 본
정만기

김동건 아나운서님과 함께

김동건 아나운서, 정만기 상무,
명품에 대해 논하다

명품의 기준은 단순히 '비싼' 물건이 아니다. 최고의 품질을 보장하고, 성능이나 디자인, 그리고 소비자를 만족시키는 감성과 제품의 이미지까지 더해져 하나의 완벽한 아우라(Aura · 흉내 낼 수 없는 고고한 분위기를 뿜어내는 예술작품)를 만들어 내는 것. 그것이 바로 명품이다.

그렇다면 명품은 어떻게 탄생하는 것일까? 훌륭한 예술작품은 창작자의 신념과 열정을 필요로 하지만, 관객이나 소비자가 없으면 창작자의 열정을 지속시키기 힘들다.

훌륭한 공연에는 그것을 향유할 수 있는 관객이 있어야

하고, 도자기나 차를 만드는 장인에게는 작품의 진가를 알아봐 주고 흠향할 수 있는 미식가가 반드시 필요하다.

제작자와 고객이 명품이 탄생하기 위한 기본 조건이라면, 그 중간에 명품의 가치를 제대로 보존하여 고객에게 가치를 제대로 느낄 수 있게 하는 존재는 바로 명품 딜러다.

딜러의 능력에 따라 명품은 제대로 된 주인을 찾기도 하고, 그저 그런 주인을 만나 제 가치를 제대로 발휘하지 못하기도 한다. 고객의 입장에서는 명품을 사고도 어떤 중개자를 만나느냐에 따라 명품의 가치를 제대로 느낄 수 있기도 하고, 막대한 금액을 지불하고도 제대로 된 만족감을 느끼지 못하기도 한다.

명품과 명품을 알아보는 고객, 그리고 그 가치를 보존하는 전달자. 이 세 조건이 완벽하게 맞아떨어졌을 때 제대로 된 명품의 가치보존이 이뤄진다.

대한민국 최고의 '명품 아나운서', '명품 MC'를 꼽으라면 단연 김동건 아나운서를 떠올리게 된다. 1963년 동아방송 공채 1기로 시작해 50년 넘게 방송계에서 활약하며 국민들에게 단정하고 믿음 가는 진행자라는 확실한 이미지를 구축했다. 그가 이런 이미지를 만들 수 있었던 것은 철저한 자기관리에서부터 시작한다. 시청자를 만나는 방송인으로서 사소한 흐트러짐도 용납하지 않는 삶의 기준이 매일매일 쌓여 이제는 일부러 애쓰지 않아도 자연스레 체득되었다고 할까.

많은 명사들이 있지만, 굳이 김동건 아나운서를 이 인터뷰에 초청한 이유는 무엇일까? 그것은 김동건 아나운서가 위에서 언급한 명품을 알아보는 심미안을 가졌고, 그가 제대로 된 명품 딜러를 만난 당사자이기 때문이다. 김동건 아나운서는 자동차 애호가로도 유명하다. 웬만한 자동차 전문가도 혀를 내두를 정도로 해박한 지식과 더불어 차량에서 느껴지는 감성을 제대로 감별할 수 있는 몇 안 되는 감각의 소유자다.

국내에 많은 명품이 있지만, 자동차 업계에서 명품 반열에 올릴 수 있는 것은 무엇일까? 사람마다 이견이 있지만, 김동건 아나운서는 '메르세데스 벤츠'를 꼽는다. 그가 벤츠를 사랑하는 데에는 또 하나의 요인이 작용했다. 한성자동차의 정만기 상무를 만나면서부터다.

1987년 벤츠가 처음으로 한국 땅에 들어왔을 때, 김동건 아나운서는 당장 벤츠 쇼룸을 찾았다. 자동차 애호가답게 우리나라에 처음 발을 디딘 세계적인 명차를 눈으로 직접 확인하고 싶었기 때문이었다. 이때 인연을 맺은 사람이 바로 현재의 정만기 상무다. 무려 28년의 긴 인연인 셈이고, 김동건 아나운서가 벤츠를 몰고 다닌 역사와, 정만기 상무가 벤츠 영업을 한 시간과, 국내에 벤츠를 도입해 현재 한국의 메가 딜러로 벤츠 판매를 담당하는 한성자동차의 역사와도 일치하는 시간이다. 이 세 존재는 위에서 말한 명품과 명품 소비자와 명품 중개자의 역할을 제대로 나눠가진 셈이다.

김동건 아나운서는 당시 벤츠를 구매할 당시의 분위기를 이렇게 전한다.

"사실 당시 세상은 외제, 더구나 벤츠와 같은 차를 탈만한 사회분위기가 전혀 아니었어요. 물가에 비해 벤츠가 워낙 고가였으니까. 사회적으로 한창 갈등도 심했던 시기였기에 바라보는 시선이 곱질 못했죠. 정부에서도 통상 압력 때문에 외제차를 부분 수입 허용했지만, 외제차 타고 다니는 사람들은 세무조사 표적이 된다고 공공연하게 말이 나돌 정

도였죠. 게다가 나는 TV에 나오는 사람이니 사람들이 알아
보기가 얼마나 쉽겠어요. 벤츠를 정말로 타고 싶었지만, 망
설일 수밖에 없었죠."

그럼에도 불구하고 김동건 아나운서는 벤츠를 구입했
다. 큰 위험을 안고 있다는 것을 알면서도 감행한 결정이었
다. 그만큼 그가 자동차에 애착을 가지고 있다는 방증이기
도 하다.

"벤츠가 나에게 큰 만족감을 준 데에는 정만기 상무와
같은 영업인이 있었기 때문입니다. 지금도 벤츠를 소유하는
것은 아무나 할 수 없지만, 그때 당시에는 정말 큰마음 먹
지 않으면 안 되는 일이었어요. 정만기 상무는 고객한테 명
차를 팔 자격이 있는 사람이었지요. 단순히 자동차에 대한
지식과 판매조건을 나열하는 것이 아니라 고객의 입장에서
이 명차에 어울리는 요소를 정확히 짚어주고, 가슴에서 우
러나오는 존경심을 표현해 주죠. 한번 한 약속은 반드시 정
확하게 지키고, '정직'이라는 가치를 고객에게 전달함으로
써 신뢰를 가지게 만드는 사람이에요. 차만 벤츠를 사면 뭐
합니까? 명품을 제대로 소개해주고, 그 가치를 제대로 보존

할 수 있게 도움을 주는 존재가 반드시 있어야 명품은 제대로 그 값어치를 하는 겁니다."

그동안 김동건 아나운서는 정만기 상무에게 수많은 고객을 소개해 주었다. 정 상무가 영업일선에서 물러나면서 이제 지인이 소개하는 건은 후배 딜러에게 인계하지만, 적어도 정 상무가 직접 담당했던 고객에게만큼은 단 한 사람도 불만족한 반응을 보인 적이 없다고 한다. 김동건 아나운서와 같이 세심한 사람이 누군가를 소개한다는 일은 '믿어도 된다.'는 의미였기에 아마도 많은 고객들이 김동건 아나운서를 통해 정만기 상무에게로 인도되지 않았을까. 이 때문에 김동건 아나운서는 '만약 어떤 고객이 정 상무에게 불만을 가지고 있다면, 그 잘못은 정 상무가 아니라 그 고객에게 있다고 생각한다.'라고 말할 정도다.

정만기 상무에게도 김동건 아나운서는 무한한 감사와 존경을 표하는 '큰 형'이자 멘토같은 존재다. 김동건 아나운서와 오랜 교분을 이어오면서 김동건 아나운서가 '이제는 좀 편하게 말 좀 하자, 형이라 부르라.'고 수없이 말해도 아직도 어렵고 깍듯한 자세는 풀 수가 없다고 한다.

정만기 상무는 '이는 결코 김동건 아나운서가 어렵고,

무서운 혹은 고객이기 때문에 취해지는 제스쳐가 아니다. 말 그대로 존중해야 할 대상이기 때문에 당연히 취해야 할 태도일 뿐.'이라고 말한다.

"김동건 아나운서가 단지 유명인이기 때문에 이분을 존경하는 것이 아닙니다. 저는 방송인으로서 최고의 자질을 갖추고 철저한 자기관리로 일말의 오점도 남기지 않은 김동건 아나운서와 같은 분이 제 고객이 되어주셨고, 또 고객과 딜러 사이를 넘어 이렇게 사석에서도 함께 만나는 사이까지 되었으니 저로서는 무한한 영광이지요. 게다가 제가 소개하는 물건의 진가를 알아봐 주시는 분에게 최고의 서비스를 해드려야 하는 것은 지극히 당연한 일입니다."

정만기 상무는 '당연한 일'이라고 말하는 것은 사실 실천하기가 쉽지 않은 일이다. 정만기 상무가 젊어서부터 수십 년 동안 영업왕을 해 왔으니 그가 관리하는 고객이 얼마나 많겠는가? 그들이 정만기 상무에게 차량을 구입하고 싶어서 의뢰를 하면, 정 상무는 후배 딜러에게 인계해 준다. 이미 영업일선에서 물러나 관리직의 업무를 맡고 있기 때문이다. 당연히 소개받은 후배 영업직원은 마음의 표시라도 하고 싶어 한다. 그러나 정 상무는 일절 이런 사례를 받지 않는다.

"나는 이미 영업에서 물러난 사람입니다. 현재 관리직의 임무를 수행하고 있고, 그걸로 월급을 받고 사는데, 왜 다른 수당에 욕심을 냅니까? 게다가 그런 수당의 몫을 내가 받기 시작하면 후배들에게 어떤 문화가 만들어지겠어요? 당연히 좋지 않은 문화가 만들어질뿐더러, 내가 이름을 걸고 소개한 고객님에 대한 대응도 자못 소홀해지지 않을 수 있지 않겠습니까? 절대로 그런 일이 발생해선 안 되지요. 내가 이 회사의 선임으로서 위치하고 있으며 후배들에게 어느 정도 존중을 받는다면, 설마 내가 소개시켜 준 고객에게 성의 없이 대하는 일은 없겠지요. 나는 그 점이 가장 중요하다고 생각합니다."

정만기 상무는 전무후무한 '벤츠 영업왕'이라는 타이틀과 그가 몸담은 회사로부터는 '벤츠와 한성자동차라는 브랜드 외에 '정만기'라는 브랜드가 하나 더 있다.'라는 평가까지 받는 인물이다. 그러나 지금까지 살아오면서 수많은 우여곡절을 겪은 끝에 오늘 날의 자리에 설 수 있었다고 한다. 그가 최고의 벤츠 딜러가 될 수 있었던 것은 '진정성'이라고 말한다.

"사람을 대할 때 절대로 하지 말아야 할 것이 있어요. '저 사람은 이런 사실을 모르겠지.'입니다. 세상 어느 누구도 나보다 못한 사람은 없습니다. 상대방의 생각이 나보다 낮다고 생각하면 상대를 향한 존경심이 당연히 생겨야 합니다. 입에 발린 칭찬이나 존경심 없이 겉으로만 상대방을 치켜세우는 것도 금세 들통 나고 맙니다. 마음에도 없는 말을 하는 사람과의 관계는 훗날 안 좋을 수밖에 없어요. 상황과 대상에 따라 달라지는 상대방의 말을 어떻게 믿을 수 있겠습니까?"

고객에 대한 진정한 존중을 실천하는 정만기 상무의 태도가 김동건 아나운서에게 매우 큰 신뢰감을 형성했다고 한다. 김동건 아나운서는 자동차를 구매하거나 관심이 있어서 딜러에게 상담을 받을 때 간혹 매우 언짢은 경우가 있다고 한다.

"자신도 모른 채 고객의 안목을 무시하는 딜러들이 있어요. 예를 들면 고객이 '화이트 펄' 색상이 마음에 든다고 말하는데, 현재 팔 물건이 없다는 이유로 '그 색상은 이미 유행이 지난 겁니다. 훨씬 좋은 색상으로 새로 나온 이 제품이 있습니다.'라고 말한다면, 그 딜러는 고객에게 물건을 팔 수 있을지는 모르겠지만, 고객을 응대하는 태도는 잘못된 겁니다. 나라면 그 사람한테 물건을 사고 싶은 마음이 들지 않겠어요. 그런데 정 상무는 전혀 그렇지 않았어요.

항상 고객을 존중해 주고, 혹여나 고객이 잘못된 이야기를 하더라도 알게 모르게 뒤에서 그 잘못을 바로잡아주었지요. 고객을 단순히 '돈 가지고 차 사러 온 사람'이 아니라 '명품을 사러 온 사람'으로 만들어줬단 얘기죠. 가끔 차를 몰고 도로를 나가다 보면, '내가 과연 벤츠를 탈만한 사람인가?'라는 생각을 해 볼 때도 있어요. 진짜 좋은 차인데, 이 차를 내가 탈만한 자격이 있는가? 내 수준을 높여야겠다, 그런 생각도 드는 거예요. 그러니, 정 상무는 명품 벤츠를 팔면서 고객도 명품으로 만들어준다, 뭐 그런 말입니다."

정만기 상무에게 덕담을 건네는 김동건 아나운서에 대해 정만기 상무도 결코 뒤지지 않는다. 이런 덕담은 단순히 인터뷰를 위한 공치사가 아니라 진정 마음으로 우러나오는 것이란 느낌이 든다.

"살아오면서 내 삶을 빛나게 만들어 주는 분들이 몇 분 있습니다. 제가 알고 있는 명품인사죠. 김동건 아나운서님께서 그런 소중한 분의 대표 격입니다."

두 사람은 나이 차이를 넘어 지음(知音 · 중국 춘추시대 거문고의 명수 백아와 그의 친구 종자기와의 고사에서 비롯된 말. 백아의 음악을 종자기만이 진심으로 이해했다고 함.)의 관계로도 보였다. 한 분야에서 통달한 사람을 통상 '도사'라고 하는데, 도사끼리는 서로 말을 섞지 않아도 통하는 부분이 있다고 해야 할까.

벤츠의 디자인은 시대에 따라 진화해 왔다. 그러면서도 항상 기품을 잃지 않고 중후한 멋을 뿜어낸다. 결코 가벼운 화려함이 아니다. 세계 최고의 명장들이 노력한 결과로 보인다. 전혀 나이 들어 보이지 않는 김동건 아나운서나, 역시 제 나이로 보기 힘든 정만기 상무, 그리고 세월이 지나도 기품과 젊음을 잃지 않는 벤츠까지. 제대로 된 삼박자다.

김동건 아나운서는 정만기 상무의 최대 장점을 '정직'이라고 꼽았다. '대한민국에서 정직이라는 신념을 가지고 성공할 수 있느냐?'라는 기자의 질문에는 '천직일 경우에 가능하다.'라고 답했다. 김동건 아나운서와 정만기 상무는 각자의 영역에서 최고의 가치를 이뤄낸 '천직'을 선택했다는 생각이 들었다.

정리 : 함문식 프리랜서 기자

끝

대추 한 알

—장석주

저게 저절로 붉어질 리는 없다
저 안에 태풍 몇 개
저 안에 천둥 몇 개
저 안에 벼락 몇 개
저 안에 번개 몇 개가 들어서서
붉게 익히는 것일 게다

저게 저 혼자 둥글어질 리는 없다
저 안에 무서리 내리는 몇 밤
저 안에 땡볕 두어 달
저 안에 초승달 몇 날이 들어서서
둥글게 만드는 것일 게다

대추나무야
너는 세상과 통하였구나